Mein erster Reiseführer

Mein Name: ..............................

Meine Adresse: ..............................

..............................

..............................

Hier kannst du dein Foto einkleben.

Ich bin im Urlaub vom ......... bis ............

Ich fahre in die Ferien mit: ..............................

..............................

..............................

Meine Ferienadresse: ..............................

..............................

..............................

Das möchte ich machen: ..............................

..............................

..............................

..............................

Mein erster Reiseführer

# München

Text von Ilka Sokolowski und Claudia Toll
mit Illustrationen von Gerhard Schröder

BELTZ
& Gelberg

# Inhalt

## Entdeckungsreisen

## Routen und Ausflüge



## Spiel und Spaß

## Land und Leute

## Notizen

# Koffer packen ...

Damit du in deinen Ferien alles Wichtige dabeihast,
kannst du hier abhaken, was du eingepackt hast:

- ☐ Jacken
- ☐ Rock/Kleid
- ☐ Hosen
- ☐ Pullover
- ☐ T-Shirts
- ☐ Socken
- ☐ Unterwäsche
- ☐ Schlafanzug
- ☐ Shorts
- ☐ Schuhe
- ☐ Badesachen
- ☐ Handtuch
- ☐ Schal/Halstuch
- ☐ Kopftuch/Mütze
- ☐ Handschuhe
- ☐ Sonnenbrille
- ☐ Pflaster
- ☐ Hautcreme
- ☐ Stadtplan
- ☐ Bücher
- ☐ Fotoapparat
- ☐ MP3- oder CD-Player

- [ ] CDs
- [ ] Uhr
- [ ] Taschenmesser
- [ ] Ball
- [ ] Stifte
- [ ] Schere, Bindfaden
- [ ] Papier oder Karton
- [ ] farbige Tonpappe und Nadeln zum Basteln
- [ ] Kleber

Was noch unbedingt mitmuss:

..............................

..............................

..............................

..............................

..............................

..............................

Was noch vorm Urlaub zu erledigen ist:

..............................

..............................

..............................

..............................

..............................

..............................

# Wem willst du schreiben?

Hier kannst du Adressen von Freunden und Verwandten eintragen.

Name: ..........................

..........................

Straße: ..........................

PLZ: ..........................

Ort: ..........................

Land: ..........................

Name: ..........................

..........................

Straße: ..........................

PLZ: ..........................

Ort: ..........................

Land: ..........................

Name: ..........................

..........................

Straße: ..........................

PLZ: ..........................

Ort: ..........................

Land: ..........................

Name: ..........................

..........................

Straße: ..........................

PLZ: ..........................

Ort: ..........................

Land: ..........................

Name: ...............

.................................

Straße: .........................

PLZ: ............................

Ort: ............................

Land: ...........................

Name: ...........................

.................................

Straße: .........................

PLZ: ............................

Ort: ............................

Land: ...........................

Name: ...........................

.................................

Straße: .........................

PLZ: ............................

Ort: ............................

Land: ...........................

Name: ...........................

.................................

Straße: .........................

PLZ: ............................

Ort: ............................

Land: ...........................

# München und Umland auf einen Blick

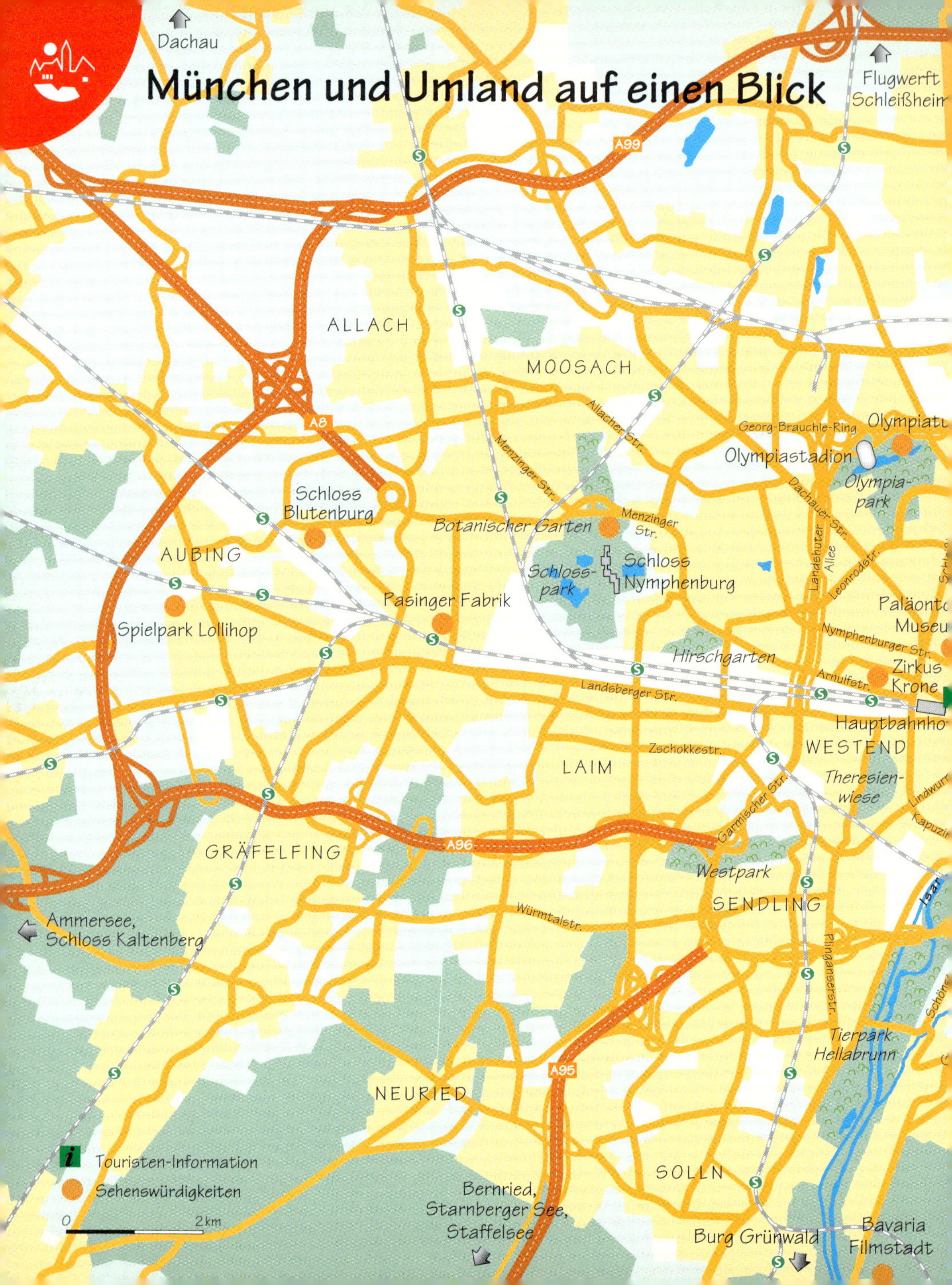

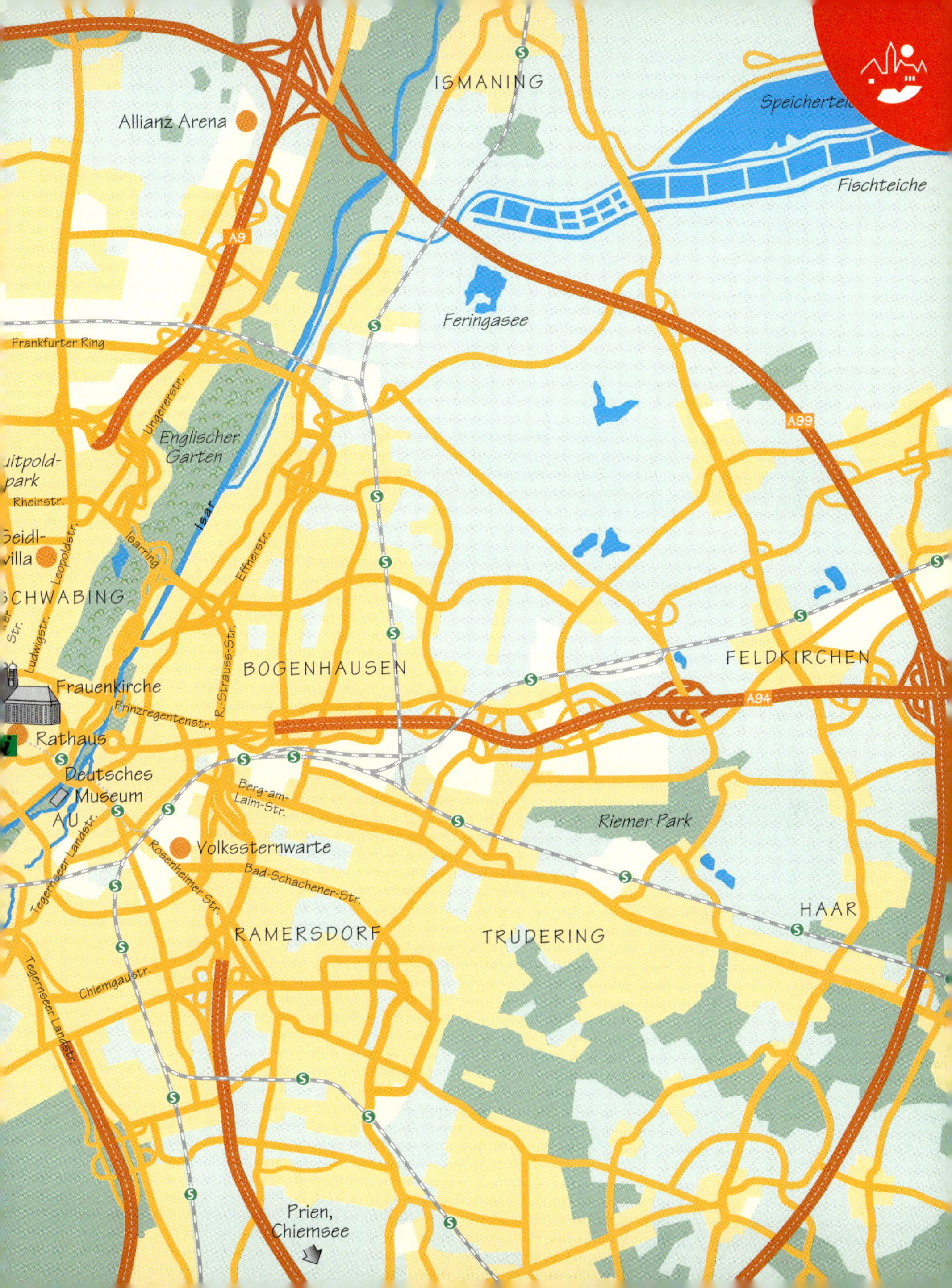
ISMANING
Allianz Arena
Speicherteic
Fischteiche
A9
Feringasee
Frankfurter Ring
A99
Ungererstr.
Englischer Garten
uitpold-park
Rheinstr.
Isar
Seidl-villa
Leopoldstr.
Isarring
Effnerstr.
SCHWABING
Ludwigstr.
R.-Strauss-Str.
BOGENHAUSEN
FELDKIRCHEN
Frauenkirche
A94
Prinzregentenstr.
Rathaus
Deutsches Museum
AU
Berg-am-Laim-Str.
Riemer Park
Volkssternwarte
Tegernseer Landstr.
Rosenheimer Str.
Bad-Schachener-Str.
HAAR
RAMERSDORF
TRUDERING
Chiemgaustr.
Tegernseer Landstr.
Prien, Chiemsee

# Hier ist viel los!

Hier kannst du ankreuzen, was du alles gesehen hast.

- **Im Herzen der Stadt:** Marienplatz ☐, Mariensäule ☐, Neues Rathaus ☐, Glocken- und Figurenspiel am Neuen Rathaus ☐, Frauenkirche ☐ „Teufelstritt" in der Frauenkirche ☐, „Alter Peter" / St. Peter ☐, Rindermarkt ☐, Löwenturm ☐, Viktualienmarkt ☐

- **Schloss und Park Nymphenburg:** „Steinerner Saal" ☐, „Schönheitengalerie" von König Ludwig I. ☐, Marstallmuseum ☐, Amalienburg ☐, Grünes Brunnhaus ☐, Badenburg ☐, Apollotempel ☐, Pagodenburg ☐, Magdalenenklause ☐

- **Schwabing und Englischer Garten:** Leopoldstraße ☐, Seidlvilla ☐, Luitpoldpark und -hügel ☐, Chinesischer Turm ☐, Rundtempel Monopteros ☐, Japanisches Teehaus ☐

- **An der Isar:** Flauchersteg ☐, Wallfahrtskirche St. Maria ☐, Marienklause ☐, Floßlände ☐

- **Im Museum:** Deutsches Museum ☐, Deutsches Museum – Verkehrszentrum ☐, Deutsches Museum – Flugwerft Schleißheim ☐, Kinder- und Jugendmuseum ☐, Paläontologisches Museum ☐

- **München bei Sonnenschein:** Tierpark Hellabrunn ☐, Botanischer Garten München-Nymphenburg ☐, Riemer Park ☐, Westpark ☐, Hirschgarten ☐

- **München von oben. Hier bin ich hochgestiegen:** Olympiaturm ☐, Südturm der Frauenkirche ☐, „Alter Peter" – Turm von St. Peter ☐, Rathausturm ☐, Bavaria ☐

- **Rund um München:** Burg Grünwald ☐, Schloss Blutenburg ☐, Starnberger See ☐, Buchheim Museum in Bernried ☐, Ammersee ☐, Schloss Kaltenberg ☐, Staffelsee ☐, Chiemsee ☐, Schloss Herrenchiemsee ☐

- **München und die Kunst:** Alte Pinakothek ☐, Neue Pinakothek ☐, Pinakothek der Moderne ☐, Lenbachhaus ☐, Villa Stuck ☐, Valentin-Musäum ☐, Spielzeugmuseum ☐

- **Und Action!:** Circus Krone ☐, Bavaria Filmstadt ☐, Olympiapark mit Olympiaturm ☐, Olympiasee ☐, Olympiastadion ☐, Allianz Arena ☐

# Schnell

## Mit Bus und Bahn unterwegs

Übersichtsplan der öffentlichen Verkehrsmittel

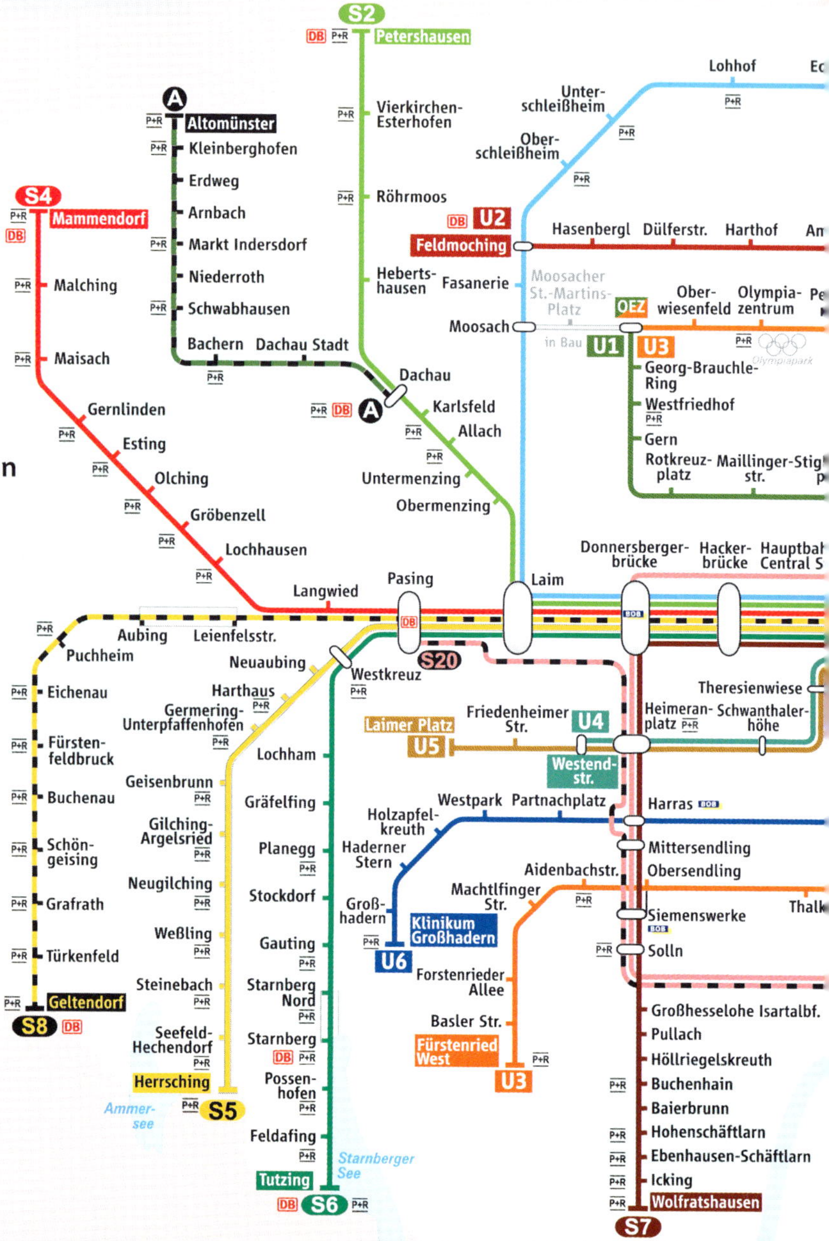

# nnetz

S1
S1 S8
Pulling
Freising
Flughafen München
Munich Airport
ufahrn
P+R
Flughafen Besucherpark
U6
Garching-Forschungszentrum
Garching
Garching-Hochbrück
Fröttmaning
Kieferngarten
Freimann
Studentenstadt
Alte Heide
Nordfriedhof
Dietlindenstr.
Münchner Freiheit
Giselastr.
Universität
Odeonsplatz
Frankfurter Ring
Milbertshofen
Bonner Platz
Scheidplatz
Hohenzollernplatz
Josephsplatz
Theresien-str.
Königs-platz
Chinesischer Turm
Hallbergmoos
Ismaning
Unterföhring
Johanneskirchen
Englschalking
Daglfing
Arabellapark
U4
Richard-Strauss-Str.
Böhmerwaldplatz
Prinzregentenplatz
Lehel
Max-Weber-Pl.
S2
Erding
Altenerding
Aufhausen
St. Koloman
Ottenhofen
Markt Schwaben
Poing
Grub
Heimstetten
Feldkirchen
Riem
Messestadt-West
U2
Moos-feld
Messestadt-Ost
Berg am Laim
Trudering
Gronsdorf
Haar
Kreillerstr.
Josephs-burg
S1
S7
Ostbahnhof
Leuchtenberg-ring
S27
Karlsplatz (Stachus)
Marienplatz City Center
Isartor
Rosenheimer Platz
Rathaus
Deutsches Museum
endlinger Tor
Fraunhoferstr.
Kolumbus-platz
Silberhorn-str.
Untersberg-str.
St.-Martin-Str.
Karl-Preis-Platz
Giesing
Innsbrucker Ring
Michaelibad
Quiddestraße
Neuperlach Zentrum
Therese-Giehse-Allee
Neuperlach Süd
U5
Goetheplatz
Poccistr.
Isar
erstr.
udermühlstr.
erpark)
Candidplatz
Wettersteinplatz
St.-Quirin-Platz
Mangfallplatz
U1
Perlach
Neubiberg
Ottobrunn
Hohenbrunn
Wächterhof
Höhenkirchen-Siegertsbrunn
Dürrnhaar
Aying
Peiß
Großhelfendorf
Kreuzstraße
S6
Fasangarten
Fasanenpark
Unterhaching
Taufkirchen
Furth
S27
Deisenhofen
S20
Sauerlach
Otterfing
Holzkirchen
S5
Vaterstetten
Baldham
Zorneding
Eglharting
Kirchseeon
Grafing Bahnhof
Grafing Stadt
Ebersberg
S4
München XXL
Innenraum
Außenraum
Tarifzonen
MVG
S Bahn München
Partner im MVV

# Willkommen in München!

München, Hauptstadt des Bundeslandes Bayern, ist mit 1,3 Millionen Einwohnern Deutschlands drittgrößte Stadt nach Berlin und Hamburg. Von der Fläche her ist München die sechstgrößte Stadt. Und im Großraum München wohnen die meisten reichen Menschen.

**Gewitter und Schnee ...**

München liegt im Süden Deutschlands, auf einer durchschnittlichen Höhe von 519 Metern. Das Wetter ist wechselhaft. Im Juni und Juli scheint ziemlich zuverlässig und oft die Sonne, aber es regnet leider auch oft. Zwei Superlative hat München vor allen anderen deutschen Großstädten: Im Sommer gewittert es hier am häufigsten, im Winter fällt der meiste Schnee.

Wahrzeichen Münchens: die Frauenkirche

**Kultur in der Stadt**

München ist die Stadt der Bücher: Hier sind ungefähr 250 Verlage ansässig. Nur in New York gibt es mehr. Durch seine Museen, Theater, seine Oper und seine Orchester ist München überall bekannt. Hinzu kommen zahlreiche Fernseh- und Filmproduktionsstätten: der Bayerische Rundfunk, Pro 7 oder auch RTL 2 sind in München zu Hause. Kunst und Kultur gibt es also üppig – auch für Kinder, zum Beispiel das Kindertheater Schauburg. Und in den Sommerferien lockt KiKS, der Kinder-Kultur-Sommer mit Veranstaltungen im Olympiapark und in der ganzen Stadt (siehe Seite 61 und 70).

**Stadt des Biers**

Bier wird in Deutschland seit dem Mittelalter gebraut. Münchens älteste Brauerei besteht seit 1328. Bier war früher sehr nahrhaft und enthielt weniger Alkohol als heute. Es galt als Kraft- und Heiltrunk, auch Kinder durften Bier trinken.

Nervenkitzel auf dem Oktoberfest

***Das Hofbräuhaus***

*Touristen aus aller Welt strömen täglich zum Platzl 9 ins legendäre Hofbräuhaus. Es gilt einfach als urbayerisch: Hier trinken Einheimische in Tracht ihr Bier aus großen Maßkrügen, es gibt bayerische Musik, und das Bier stammt aus der Hofbrauerei, die schon seit 1589 den Hof der Wittelsbacher versorgte. Guck mal rein: Im Erdgeschoss, der „Schwemme", finden bis zu 1300 Gäste Platz.*

**Oktoberfest**

Das Oktoberfest ist das größte Volksfest der Welt. Jahr für Jahr pilgern über 6 Millionen Menschen hierher. Es ging hervor aus einer königlichen Hochzeitsfeier: Am 12. Oktober 1810 heiratete der spätere König Ludwig I. Prinzessin Therese von Sachsen-Hildburghausen. Fünf Tage dauerte die Feierei mit Illuminationen, Musik und einem Pferderennen auf einer Wiese vor den Toren Münchens. Zu Ehren der Braut wurde die Festwiese Theresiens-Wiese genannt, und Theresienwiese heißt der Oktoberfestplatz noch heute, kurz „die Wiesn".

# München und seine Geschichte

***Münchner Kindl***
*Auch das Wappen der Stadt erinnert an die frühe Siedlungsgeschichte der Mönche. Im Laufe der Zeit bürgerte sich für die Wappenfigur von München die Bezeichnung „Münchner Kindl" ein – obwohl kein Kind, sondern ein Mann dargestellt ist: Das Wappen zeigt einen Mönch mit goldgeränderter schwarzer Kutte und roten Schuhen.*

**München und die Mönche**
Einer Mönchsbruderschaft hat München seinen Namen zu verdanken: Seit dem 8. Jahrhundert kamen Mönche aus dem Kloster Tegernsee an die Isar und ließen sich dort nieder. Ihre kleine Siedlung wurde „apud Munichen" genannt – das ist Lateinisch und heißt „bei den Mönchen". Die Siedlung wuchs allmählich zu einer Stadt heran. Die Stadtrechte erhielt sie jedoch erst im Jahr 1158.

**Die Stadt des Löwen**
Heinrich der Löwe war im 12. Jahrhundert der Herrscher von Sachsen und Bayern. Er ließ bei Apud Munichen eine Brücke über die Isar bauen, einen Markt und eine Münzprägestätte errichten – wichtige Voraussetzungen für eine Stadt, die Handel treiben wollte. Die Stadtrechte erhielt München offiziell am 14. Juni 1158 vom Kaiser Friedrich Barbarossa.

**Wittelsbach und das Bier**
Vom Jahr 1240 an herrschten – mit wenigen Unterbrechungen – die Grafen und Herzöge des Adelsgeschlechts Wittelsbach in München. Unter Herzog Albrecht IV. (1447–1508) wurde mit dem Bau der

Frauenkirche begonnen, die heute noch als Wahrzeichen der Stadt gilt. Albrecht IV. ging außerdem in die Geschichte des Bierbrauens ein: Von ihm stammt das Reinheitsgebot, nach dem nur Gerste, Hopfen und Wasser zum Brauen verwendet werden dürfen. Es gilt bis heute!

**Alles über München**
*Hier erfährst du mehr über die Geschichte Münchens: Im Münchner Stadtmuseum zeigen Stadtmodelle, wie die Stadt zu verschiedenen Zeiten ausgesehen hat. Zum Museum gehören auch eine Puppentheater- und Marionettenausstellung.*
*St.-Jakobs-Platz 1,*
*80331 München*
*Infos: 089/23322370,*
*www.stadtmuseum-online.de*

**Der „Kini"**

Die meisten nennen ihn schlicht den „Kini", den König: Ludwig II. (1845–1886) ist wohl der berühmteste Monarch, der in Bayern regiert hat, noch heute wird er von vielen verehrt. Er ließ unter anderem das prächtige Schloss Neuschwanstein errichten, hoch oben auf einem Felsen, mit unzähligen Türmchen und Erkern. Kein Wunder, dass Ludwig durch seine in Stein verwirklichten Träumereien auch als Märchenkönig bezeichnet wurde. Viele Gerüchte und Spekulationen ranken sich um seinen Tod: Gemeinsam mit seinem Arzt ertrank er unter bis heute nicht geklärten Umständen im Starnberger See.

Bis heute: Bayerns Märchenkönig

# Ein erster Überblick

**„Stadt und Berge gucken"**
München hat viele Aussichtspunkte. Sie bieten eine tolle Sicht auf die Stadt und bei gutem Wetter den Blick auf das Alpenpanorama:

Mit Antenne ragt der Olympiaturm 291,28 Meter in den Himmel. In 190 Meter Höhe liegt die Aussichtsplattform. Geöffnet täglich 9–24 Uhr

In knapp 100 Meter Höhe geht es auf den Südturm der Frauenkirche – zu Fuß oder mit dem Fahrstuhl.
Frauenplatz 1, 80331 München
Turmauffahrt: April bis Okt. 10–17 Uhr

Auf den Turm der Pfarrkirche St. Peter führen 306 Treppenstufen in 56 Meter Höhe. Im Volksmund heißt der Turm nur „Alter Peter".
Rindermarkt 1, 80331 München
Geöffnet: Sommer Mo.–Sa. 9–19, So. u. Feiertage 10–19 Uhr, Winter Mo.–Sa. 9–18, So. u. Feiertage 10–18 Uhr

Im Innern der Bronzefigur Bavaria – Bayerns Wahrzeichen – führt eine

**!**

***Extratouren für Kinder***
*Führungen und Rallyes für Kinder, auf denen du Spannendes und Lustiges über München erfährst, bieten zum Beispiel an:*
*Stattreisen, Frauenlobstraße 24 Rgb, 80337 München, Infos: 089/54404230, www.stattreisen-muenchen.de*

*Schauplatz München, Bruggspergerstraße 84, 81545 München, Infos: 0171/2881427, www.schauplatz-muenchen.de*

*Die Stadtschwärmer, Mommsenstraße 5, 80805 München, Infos: 089/32387739, www.die-stadtschwaermer.de*

Zum Greifen nah: die Alpen

**Föhn und Fernsicht**

*Der Föhnwind in München kommt von den Alpen, er ist ein sogenannter Fallwind. Bei Föhn herrscht fast immer trockene Wetterlage und durch die geringe Luftfeuchtigkeit ist die Sicht meist sehr gut. Das Wetterphänomen kommt nicht oft vor, aber dann reicht der Blick bis auf die ganze Kette der südlich von München gelegenen Berggipfel – am besten von den Türmen aus, vor allem vom Olympiaturm.*

Wendeltreppe mit 118 Stufen bis hinauf in den Kopf. Durch Sichtluken sieht man auf München und die Theresienwiese.

Theresienhöhe 16, 80339 München
Geöffnet: April bis 15. Okt. 9–18 Uhr, während des Oktoberfestes bis 20 Uhr

Meist guckt man von unten rauf, von oben runter ist auch gut: 85 Meter hoch ist der Rathausturm.

Marienplatz 8, 80331 München
Geöffnet: Nov. bis April Mo.–Fr. 10–17 Uhr, Mai bis Okt. Mo.–Fr. 9–19, Sa., So. u. Feiertage 10–19 Uhr

**Stadt mit Tram**

Gar nicht so leicht, aus den vielen Stadtführungen eine Auswahl zu treffen. Ob Nachtwächtertour, Rundgang oder Themenspaziergang wie die Fußballtour – die Auswahl ist groß. Eine etwas andere Art der Stadtbesichtigung ist die Fahrt mit der Tram.

Mai bis Okt. Sa., So. u. Feiertage jeweils 11, 12, 13, 14 Uhr
Infos: 089/6924699,
www.spurwechsel-muenchen.de

# Route 1: Dem Mittelalter auf der Spur

Bei einem Rundgang durch die Altstadt von München wird die aufregende Zeit des Mittelalters wieder lebendig. Die alten Gebäude und Plätze haben spannende Geschichten zu erzählen.

### 1 Das Herz der Stadt

Der Marienplatz ist der Mittelpunkt Münchens. Stell dir das Klirren von Schwertern und Rüstungen und das Schnauben von Schlachtrössern vor: Im Mittelalter maßen die Ritter bei

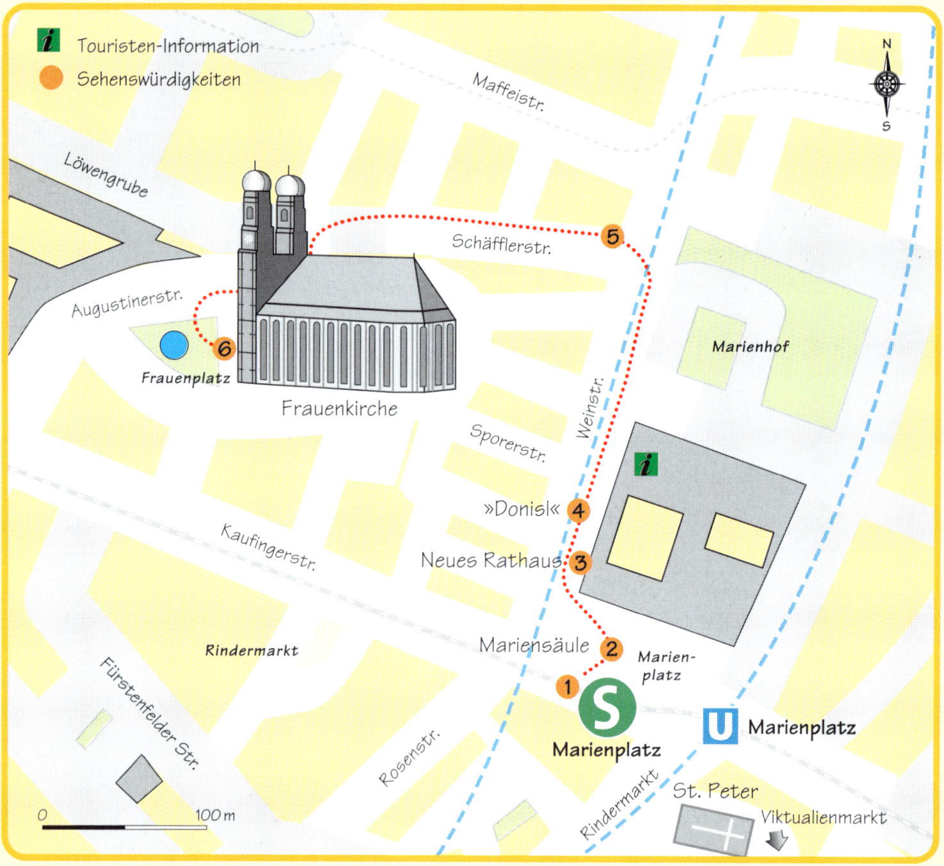

Marienplatz und Neues Rathaus

Turnieren hier ihre Kräfte, auch Fürstenhochzeiten fanden statt. Außerdem wurde Markt gehalten: Auf dem Schrannenplatz, wie der Marienplatz vor ungefähr 150 Jahren noch hieß, boten Marktleute jeden Tag andere Waren zum Verkauf an. Da sich auf dem Platz zwei wichtige Handelsstraßen kreuzten, war ständig für Nachschub gesorgt. Und mit den Waren kamen Händler, Gaukler, Reisende ... Hier tobte das pralle Leben! Das ist auch heute noch so.

### 2 Vier Engel im Einsatz

Die vier kleinen Engel – auch Putten genannt – am Sockel der 1638 aufgestellten Mariensäule kämpfen gegen Pest, Krieg, Hunger und Ketzerei. Was würden die Landvermesser wohl ohne die 11 Meter hohe Säule machen? Alle Straßen, die von München ausgehen, werden von hier aus vermessen; es ist der geometrische Mittelpunkt Bayerns.

### 3 Ritter im Rathaus

Direkt am Marienplatz liegt das Neue Rathaus. Auf den ersten Blick wirkt es sehr alt, dabei wurde es erst Ende des 19. Jahrhunderts gebaut. Damals galt es als schick, Neubauten alt und würdig aussehen zu lassen. 24 Bürgerhäuser wurden abgerissen, damit das Neue Rathaus Platz hatte. Auf der Spitze des Turmes thront das Münchner Kindl, das auch im Stadtwappen verewigt ist.

Ein Glocken- und Figurenspiel mit 43 Glocken erklingt jeden Tag und zeigt Szenen aus der Münchner Stadtgeschichte und sogar ein Ritterturnier: Auf der oberen Spielebene siehst du die festliche Hochzeit des bayeri-

Schon von weitem zu hören: das Glockenspiel am Rathaus

schen Herzogs Wilhelm V. mit Renata von Lothringen im Jahr 1568. Ihnen zu Ehren tragen Ritter ein Turnier aus. Weiter unten erinnert der Schäfflertanz an das Ende der großen Pest Anfang des 16. Jahrhunderts. Neugierig geworden? Bei Station 5 des Rundgangs erfährst du mehr.

Glockenspiel: 11 u. 12 Uhr, März bis Okt. auch 17 Uhr

### 4 Der Bayerische Donisl

Vom Marienplatz geht es in die Weinstraße. In Haus Nr. 1 (links) befindet sich seit 1315 eine Weinschänke. An Markttagen drängten sich hier alle, die hungrig waren und Durst auf den in großen Fässern frisch angelieferten Wein hatten. Seit ungefähr 250 Jahren heißt die Wirtschaft „Zum Donisl". Heute wird vor allem Bier ausgeschenkt. Es gibt typisch bayerische Schmankerln wie Reiberdatschi mit Apfelmus, frische Butterbrezn oder kesselfrische Münchner Weißwürste. Ab 18 Uhr erklingt jeden Tag bayerische Livemusik.

Infos: 089/220184,
www.bayerischer-donisl.de

**Drachenstark**

*Die Ecke Marienplatz/Weinstraße wird von einem Drachen bewacht. Findest du ihn?*

### 5 Die Schäffler und der schwarze Tod

Von der Weinstraße zweigt links die Schäfflerstraße ab, benannt nach den Fassmachern, den Schäfflern.

Sie sollen einen Tanz aufgeführt haben, als München endlich vom schwarzen Tod befreit war, der Pest, die 1517 besonders schlimm wütete und Tausende von Einwohnern dahinraffte. Der Rest traute sich aus Angst vor Ansteckung kaum auf die Straße. Als die Seuche gebannt war, lockten die Schäffler mit ihrem Tanz die Menschen wieder aus den Häusern – ein Zeichen, dass das Leben weitergeht. Der Schäfflertanz wird noch heute alle 7 Jahre von Tänzern aufgeführt. Das nächste Mal ist es 2012 so weit.

Unterschiedlich hoch sind die Türme der Frauenkirche.

### 6 Die Frauenkirche

Die Schäfflerstraße führt zu einem weiteren Wahrzeichen Münchens, der größten Kirche der Stadt. Es ist der „Dom zu Unserer Lieben Frau", schlicht Frauenkirche genannt. In nur 20 Jahren, von 1468 bis 1488, wurde sie erbaut. Mit bloßem Auge ist nicht zu erkennen, dass die Türme unterschiedlich hoch sind: Der 98,45 Meter hohe Südturm wird vom Nordturm um 12 Zentimeter überragt.

### Teufelszeichen

Betrittst du die Kirche durch das Hauptportal, stehst du nach wenigen Schritten vor dem Teufelstritt. Eine Legende besagt, dass der Teufel aus Ärger über den Bau des Gotteshauses den Sturmwind durch die Fenster fahren lassen wollte, um die Kirche zu zerstören. Doch von dieser Stelle aus konnte er damals kein Fenster entdecken – und stampfte vor Wut so heftig mit dem Fuß auf, dass der Abdruck noch heute in der Steinplatte zu sehen ist.

Geöffnet: täglich 7–19, Do. bis 20.30, Fr. bis 18 Uhr

# Deine Erlebnisse

Das war spannend: ..............................

..............................................

..............................................

..............................................

..............................................

Das war lustig: ................................

..............................................

..............................................

..............................................

..............................................

Das war doof: ..................................

..............................................

..............................................

..............................................

..............................................

# Platz zum Malen, Kleben, Schreiben ...

# Von Mönchen und Märkten

**Wo alles begann**

St. Peter oder auch der „Alte Peter" ist Münchens älteste Pfarrkirche. Sie steht auf einer kleinen Erhebung mitten in der Altstadt, dem Petersbergl. Hier gründeten Mönche die Siedlung, aus der später München wurde (siehe Seite 20).

Die Mönche errichteten auf dem Petersbergl eine kleine Kirche, die beim großen Brand von 1327 den Flammen zum Opfer fiel. Bis 1386 entstand die neue Kirche, die mehrfach umgebaut und im Zweiten Weltkrieg bei einem Bombenangriff fast völlig zerstört wurde. Der Ruine drohte der Abriss – doch die Münchner protestierten und bauten ihren „Alten Peter" wieder auf. In den 91 Meter hohen Turm schlägt immer mal wieder der Blitz ein.

Geöffnet außerhalb der Gottesdienstzeiten

**Wie viele Uhren?**

*Der Turm der Peterskirche hat verblüffend viele Uhren. Die erste wurde schon 1381 angebracht. Zähl nach – wie viele sind es insgesamt? Und warum sind es immer gleich zwei untereinander?*

(Lösung auf Seite 78)

So viele Uhren am „Alten Peter"!

**Rindviecher**

Der Rindermarkt führt vom Marienplatz ab und an der Peterskirche vorbei. Früher war hier der Viehmarkt von München, auf dem die Bauern Kühe, Ochsen und Rinder kauften und verkauften. Heute erinnert ein Brunnen mit großen Rinderfiguren an diese Zeit.

**Löwenturm**
Ist der Turm am Rindermarkt ein Überrest der ersten Münchner Stadtbefestigung aus dem 12./13. Jahrhundert oder der Wasserturm einer alten Gartenanlage? Man weiß es nicht genau. Im Innern sind Wand- und Gewölbemalereien aus dem 15. Jahrhundert erhalten. Vermutlich diente der siebenstöckige und 23 Meter hohe Turm im Laufe der Jahrhunderte unterschiedlichen Zwecken.

**Schlemmen auf dem Viktualienmarkt**
Das Wort „Viktualien" stammt aus dem Lateinischen und bedeutet Lebensmittel. Eine Riesenauswahl davon gibt es auf dem Viktualienmarkt. Vom Rindermarkt gelangt man über die Straße Rosental dorthin. Der Viktualienmarkt ist ein beliebter Treffpunkt der Münchner, hier kauft man einheimische und exotische Produkte in frischer und bester Qualität.
Als es auf dem Marienplatz zu eng geworden war, wurde der Bauernmarkt 1807 hierher verlegt. Schau dich in Ruhe um – bestimmt findest du an den verschiedenen „Standln" Leckeres zum Probieren!
Marktzeit: Mo.–Fr. 7.30–18, Sa. bis 13 Uhr

**_Weißwürste zutzeln_**
*Eine bayerische Spezialität sind Weißwürste, die es auf dem Viktualienmarkt an mehreren Ständen zu kaufen gibt. Man isst sie mit süßem Senf und einer „Brezn" (Brezel) dazu. Zünftige Weißwurstesser saugen oder „zutzeln" die Wurst aus der Pelle heraus.*

# Route 2: Schloss und Park Nymphenburg

Für Schloss und Park Nymphenburg lohnt es sich, einen ganzen Tag einzuplanen, so viel ist zu sehen! Die prächtige Anlage entstand im 17. Jahrhundert und wurde nach und nach erweitert.

### 1 Das Schloss

So ein großes Geschenk! Zur Geburt des lang ersehnten Thronerben Max Emanuel erhielt Henriette Adelheid von Savoyen von ihrem Mann, dem Kurfürsten Ferdinand Maria, das Schloss Nymphenburg. Zum Schloss führen zwei Auffahrtsalleen, dazwischen verläuft der Schlosskanal. Sein Wasser kommt aus der 2 Kilometer entfernten Würm. Es fließt in den Schlosssee, der vor dem langgestreckten Gebäude liegt.

### 2 Die Räume

Schloss Nymphenburg war nur die Sommerresidenz, der Hauptregierungs- und Wohnsitz, die Residenz, lag ja in der Stadt.
Einige der vielen Schlossräume können besichtigt werden. Etwa der

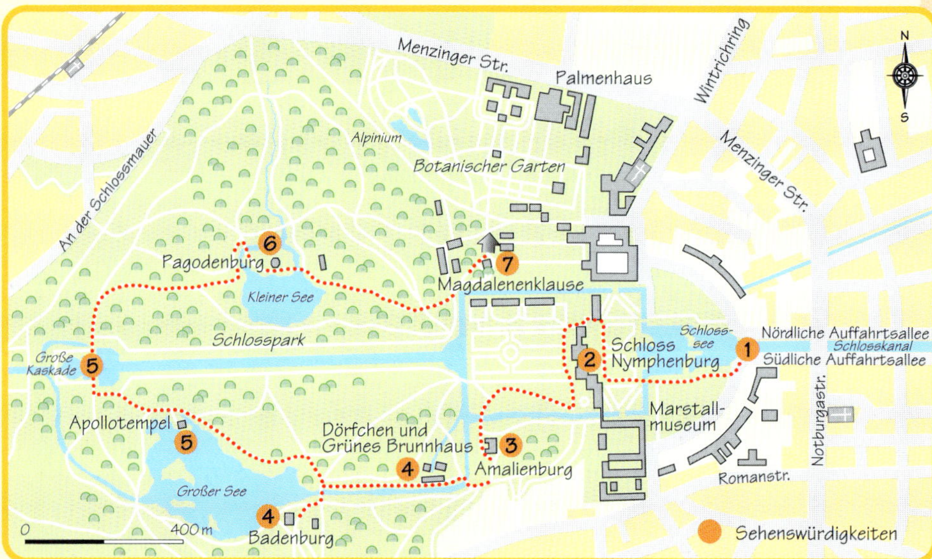

Einfach königlich: Schloss Nymphenburg

„Steinerne Saal", ein Festsaal über drei Geschosse mit Deckengemälden von griechischen Göttern. Willst du sehen, was im 19. Jahrhundert als schön galt? 36 Bilder hübscher Damen hängen im südlichen Pavillon, von König Ludwig I. gesammelt. Oder interessieren dich mehr die Kutschen und Prunkwagen? Sie sind im Marstallmuseum ausgestellt. Und nun in den Park! Direkt an das Schlossgebäude schließt sich ein Barockgarten mit abgezirkelten Flächen an – das Parterre. Der Schlosspark ist ein Landschaftsschutzgebiet, in dem auch Wild lebt. Mit seinen Schlösschen, Bäumen, Hecken, Seen, Bassins und vielen Wasserkünsten– Kaskaden, Fontänen und Springbrunnen – lädt er zur Entdeckungstour ein.

### 3 Schlösschen mit Hundekammer

Hinter dem Marstallmuseum führt der Weg vorbei am Kronprinzengarten zur Amalienburg. Das ist ein kleines Jagdschloss mit kostbaren Schnitzereien und Stuckarbeiten. Es gibt mehrere Räume: den kreisrunden Spiegelsaal, das Jagdzimmer, Fasanenzimmer, ein Ruhezimmer, die blau-weiß gekachelte Küche – und eine Kammer nur für die Hunde!

### 4 Warmes Bad im Garten

Ein kleiner Abstecher zu Dörfchen und Grünem Brunnhaus lohnt sich. Da arbeiten noch die alten Pumpen für die Wasserkünste im Park. Danach geht es zur Badenburg. Hier haben sich die kurfürstlichen Herrschaften im warmen Wasser vergnügt: Die Badenburg war das erste beheizbare

Baden wie die Könige!

Hallenbad der Neuzeit. Der große Badesaal reicht über zwei Geschosse. Das Becken ist ganz mit blau-weißen Fliesen ausgekleidet.

### 5 Wasserwelten

Der Große See bei der Badenburg ist mitsamt den drei Inseln künstlich angelegt. Auf einer kleinen Halbinsel steht der Apollotempel. Hinter dem See geht es zur Großen Kaskade. Über zwei Stufen fällt das Wasser rauschend hinab.

### 6 Im Achteckhaus

Von der Großen Kaskade führt der Weg zur Pagodenburg am Kleinen See. Sie hat einen auffälligen achteckigen Grundriss. Im Obergeschoss befinden sich der chinesische Salon und das chinesische Kabinett. Zur Zeit des Rokoko, etwa um 1750, als die Pagodenburg umgestaltet wurde, waren diese sogenannten Chinoiserien sehr beliebt.

### 7 Versteckte Klause

Etwas versteckt zwischen Bäumen liegt die Magdalenenklause. Sie sollte wie eine Einsiedelei wirken, ein kleiner Rückzugsort zum Beten. Die Kapelle ist wie eine Grotte gestaltet, verziert mit Muscheln und Steinen. Die Wohnräume sind nur wenig ausgeschmückt. Hinter der Klause geht es aus dem Schlosspark hinaus und gleich in den Botanischen Garten (siehe Seite 48).

# Noch mehr Burgen

Bist du nach der Schlossroute auf den Geschmack gekommen? In München und Umgebung gibt es noch mehr sehenswerte alte Gemäuer:

**Burg Grünwald**

1048 wurde Burg Grünwald zum ersten Mal erwähnt. Nach 600 Jahren galt sie als baufällig, später wurden Teile abgebrochen, die Burg wurde geplündert und brannte 1911 völlig aus. Heute kann sie nach gründlicher Restaurierung wieder besichtigt werden.

Zeillerstraße 3, 82031 Grünwald bei München, Infos: 089/6413218
Geöffnet: 15. März bis Nov. 10–16.30 Uhr

**Burg voller Bücher**

Im 15. Jahrhundert wurde Schloss Blutenburg errichtet. Die trutzig wirkende Wasserburg hat eine schöne Schlosskapelle.

Seldweg 15, 81247 München-Obermenzing
Geöffnet: April bis Sept. 9–17, Okt. bis März 10–16 Uhr

Schloss Blutenburg beherbergt die Internationale Jugendbibliothek. Die Sammlung von mehr als einer halben Million Kinder- und Jugendbüchern in vielen Sprachen macht sie zur größten Bibliothek dieser Art in der Welt. In den Räumen des Schlosses finden sich das Michael-Ende-Museum, der James-Krüss-Turm, das Erich-Kästner-Zimmer und ein Lesemuseum. Es gibt immer wieder Ausstellungen und Aktivitäten rund ums Buch. Kinder können auch Bücher ausleihen.

Infos: 089/8912110, www.ijb.de
Geöffnet: Ausleihbibliothek Mo.–Fr. 14.30–18.30, Sa. 10–13 Uhr, Michael-Ende-Museum Mi.–So. 14–17 Uhr, James-Krüss-Turm Mo.–Do. 10–16, Fr. bis 14 Uhr

Eine Burg voller Kinderbücher

# Deine Erlebnisse

Das war spannend: ..............................................

..............................................................

..............................................................

..............................................................

..............................................................

Das war lustig: ................................................

..............................................................

..............................................................

..............................................................

..............................................................

Das war doof: ..................................................

..............................................................

..............................................................

..............................................................

..............................................................

# Platz zum Malen, Kleben, Schreiben …

# Schwabing und Englischer Garten

Schwabing war im 17. und 18. Jahrhundert ein Dorf der Fischer und Milchbauern. Ende des 19. Jahrhunderts wurde der Stadtteil zum Künstlerviertel, das bedeutende Maler und Literaten anzog. Heute fallen die vielen Kneipen und schicken Läden auf. Bis spät in die Nacht ist noch etwas los. Aber auch die Universität liegt hier. Und auch sonst hat Schwabing noch einiges zu bieten.

**Schöne Häuser**

Am Siegestor endet auf der einen Seite die Ludwigstraße, auf der anderen beginnt die Leopoldstraße, die Hauptstraße durch Schwabing. In den kleineren Straßen rechts und links davon prägen gründerzeitliche Bürgerhäuser und Jugendstilfassaden das Bild. Zum Beispiel das Wohnhaus in der Ainmillerstraße 22. Auch der ehemalige Dorfkern von Schwabing ist rund um den Wedekindplatz zu erkennen und es gibt noch alte Arbeiterhäuser entlang der Feilitzschstraße.

***Gründerzeit und Jugendstil***

*Häuser aus der Gründerzeit, die in Deutschland 1871 begann, sind an der reichen schnörkeligen Verzierung mit Gesimsen, Erkern und Figuren zu erkennen. Der Jugendstil, der um die Wende vom 19. zum 20. Jahrhundert aufkam, zeichnet sich durch geschwungene Linien und der Natur entlehnte Formen aus.*

**Basteln und Familienfrühstück**

Eins von den schönen Häusern in Schwabing ist die Seidlvilla. Hier bietet die Kinder- und Jugendkulturwerkstatt Kurse und Veranstaltungen an, so z. B. Flohmärkte, das Kinder-Krimi-Festival oder Aktionsprogramme für Schulen am Vormittag und jedermann am Nachmittag.
So werden bei „1000 Sachen selber machen" brauchbare Dinge gebastelt: Stühle, Fingerpuppen, Holzkästen und vieles mehr. Einmal im Monat am Sonntag findet eine Matinee für die ganze Familie statt. Da kann im Café ab 10 Uhr gefrühstückt werden, es gibt im Foyer ein Mitmachangebot und um 11 Uhr beginnt die Kindertheatervorstellung. Anmeldung erforderlich.

Sonnenbaden im Englischen Garten

Nikolaiplatz 1 b, 80802 München
Infos: 089/341676,
www.kulturundspielraum.de
Geöffnet: „1000 Sachen selber machen"
Fr. 14.30–18 Uhr (außer in den Schulferien),
Aktionsprogramme Mi.–Fr. 9–18 Uhr

**Pause im Park**
Zwischen Schwabing und dem Olympiagelände liegt der Luitpoldpark mit dem 37 Meter hohen Luitpoldhügel. Das ist ein Schuttberg, der aus den Ruinen des Zweiten Weltkrieges aufgeschüttet wurde. Der 1911 angelegte Park mit den Linden lädt zu einer kleinen Ruhepause ein.

**Grün in der Stadt**
Eintritt frei und immer geöffnet: Der Englische Garten wurde 1789 angelegt. Hier sollte sich das Volk nicht nur vergnügen, sondern auch etwas über Landwirtschaft lernen. Bäume wurden gepflanzt und Wege angelegt, Bauten errichtet wie der Chinesische Turm und der Rundtempel Monopteros. Um 1800 wurde der Kleinhesseloher See ausgehoben. Hier werden Ruder- und Tretboote vermietet.

> ***Stille Zeremonie***
> *Im Garten gibt es auch stille Ecken. Hast du schon einmal eine japanische Teezeremonie erlebt? Das ist möglich im Japanischen Teehaus (1972 erbaut). Ein Teemeister führt die original japanische Teezeremonie vor. Königinstraße 4, 80539 München, Infos: 089/224319. Jedes zweite und vierte Wochenende im Monat, April bis Okt. Sa. u. So. 15, 16, 17 Uhr*

Auch im Englischen Garten: der Rundtempel Monopteros

## Bäume und Bäche

Der Englische Garten ist einer der größten Stadtparks der Welt. Über 78 Kilometer reicht das Wegenetz. Schwabinger Bach, Eisbach, Oberstjägermeisterbach fließen durch den Garten. Vor allem an den Wochenenden wimmelt es von Menschen und Hunden. Anschließend ist immer reichlich Müll zu entsorgen. Trotzdem brüten hier Vögel, und Igel, Eichhörnchen, Füchse, Kaninchen finden noch Verstecke.

## Eiskalt surfen

Der Eisbach ist ein Nebenarm der Isar und die kommt kalt aus den Alpen. Im Eisbach neben dem Haus der Kunst an der Prinzregentenstraße treffen sich gut trainierte Surfer und zeigen ihr Können an der künstlichen Eisbachwelle. Erlaubt ist das Wellenreiten nicht, denn es ist hier gefährlich – genauso wie an einigen Stellen das Schwimmen im Eisbach. Trotzdem wird es gemacht.

## Schafe begleiten

In der Zeit von Mai bis September zieht eine Schafherde mit 400 Tieren durch den Englischen Garten. Ein Stück mitziehen, Schafe streicheln, etwas über sie erfahren, Wolle kämmen, filzen und mehr: Wenn es nicht regnet, ist das ein Angebot für die ganze Familie.

Juni/Juli/August im Nordteil des Englischen Gartens bzw. am Fröttmaninger Bergl
Infos: www.schafe-im-netz.de

## Biowürstl

Wer beim Spaziergang im Englischen Garten Hunger bekommt, kann im MilchHäusl eine Kleinigkeit zu sich nehmen: Würstl, Salat, Fleischpflanzerl – das sind Frikadellen – und anderes mehr, alles mit Bio-Siegel. Versuche unbedingt, einen gemütlichen Platz in einer der Hängematten zu ergattern – so macht das Schmausen doppelt Spaß! Das MilchHäusl liegt am Eingang zum Englischen Garten Ecke Veterinär-/Königinstraße.

Geöffnet: täglich 10–22 Uhr

# Route 3: Kleine Radtour an der Isar

Startpunkt ist die Corneliusbrücke bei der Museumsinsel, Endpunkt die Floßlände in Thalkirchen. Die Tour kann auch noch weiter führen, zum Beispiel bis zum berühmten Kloster Schäftlarn vor den Toren Münchens. Einfach dem Isarradweg folgen!

### 1 Kleine Erfrischung

Am Ostufer der Isar führt der Radweg am Städtischen Kulturgarten vorbei zum Schyrenbad, dem ältesten Freibad Münchens, das 1847 als reines Männerbad eröffnet wurde. Heute ist es ein beliebtes Familienbad. Das Wasser ist immer 24 Grad warm, im Nichtschwimmerbecken gibt es eine extrabreite Rutsche, auf der gleich mehrere nebeneinander ins Wasser glitschen können, dazu prickelnde Sprudelliegen.

Geöffnet ca. Mitte Mai bis Mitte Sept. 9–18 Uhr, an heißen Tagen bis 20 Uhr

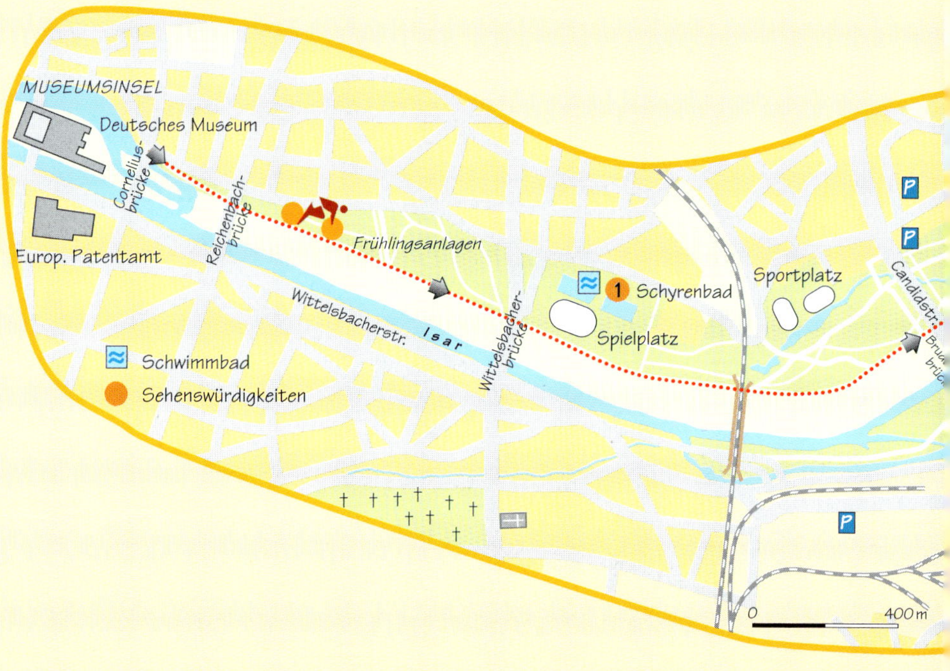

## 2 Baden im Fluss

Möchtest du mal in der Isar planschen? Das geht am Flauchersteg. Hier liegen einige der schönsten Badeplätze mit Kies- und Schotterbänken. Ganz in der Nähe, gleich hinter der Thalkirchner Brücke, befindet sich der Tierpark Hellabrunn (siehe Seite 48). Auch an der Isar sind viele Tiere zu entdecken, zum Beispiel Krickenten, Wasseramseln oder Eisvögel, die unter Wasser nach kleinen Fischen tauchen.

## 3 St. Maria in Thalkirchen

Die „Kirche im Tal", St. Maria, eine der ältesten Wallfahrtskirchen Münchens, erhebt sich über dem linken Isarufer in Thalkirchen. Schon im 15. Jahrhundert pilgerten die Gläubigen aus München und dem Umland dorthin.

## 4 Zur Floßlände

Bei der kleinen Marienklause geht es über die Marienklausenbrücke und zur Floßlände. Wenn du Glück hast, legt hier gerade eines der großen Flöße an, die die Isar von Wolfratshausen aus befahren.

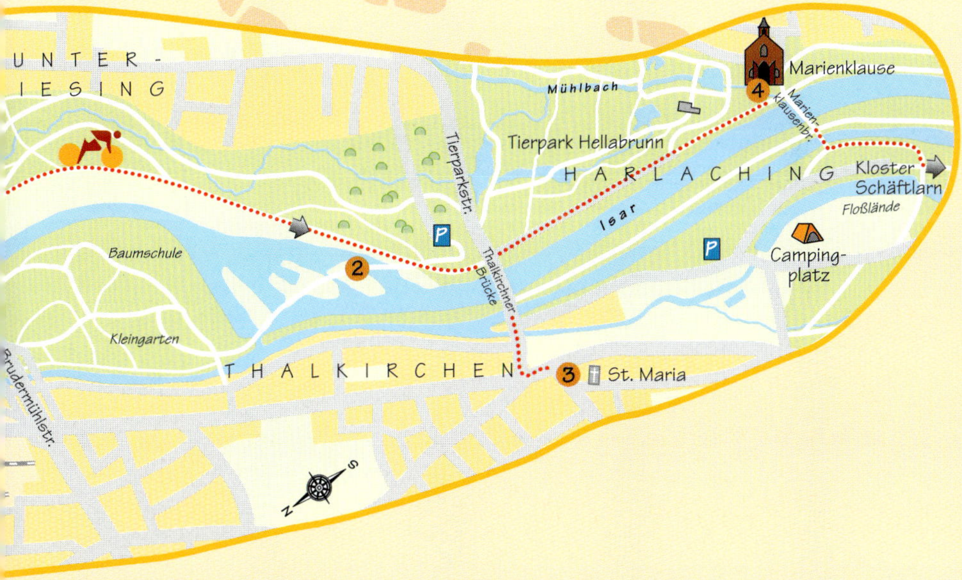

# Deine Erlebnisse

Das war spannend: ..................................

..................................................

..................................................

..................................................

..................................................

Das war lustig: ....................................

..................................................

..................................................

..................................................

..................................................

Das war doof: .....................................

..................................................

..................................................

..................................................

..................................................

# Platz zum Malen, Kleben, Schreiben ...

# Staunen, spielen und experimentieren

So viel zu entdecken im Deutschen Museum!

**100 000 Meisterwerke**

„Deutsches Museum von Meisterwerken der Naturwissenschaft und Technik" heißt es offiziell. Zu den 100 000 Ausstellungsstücken gehören das erste Motorflugzeug der Brüder Wright, der erste Computer oder das erste Auto von Carl Benz. Also: Zeit mitbringen und Lust auf Entdeckungen und Versuche, etwa in der Abteilung „Kinderreich".

Museumsinsel 1, 80538 München, Infos: 089/21791, www.deutsches-museum.de, Geöffnet: täglich 9–17 Uhr (außer an Feiertagen)

**Fahren und fliegen**

Zum Deutschen Museum gehört noch das Verkehrszentrum mit Eisenbahnen, Autos und „allem, was uns bewegt".

Theresienhöhe 14 a, 80339 München Infos: 089/500806762, www.deutsches-museum.de/verkehrszentrum

Auch die Flugwerft Schleißheim im Norden Münchens ist eine Abteilung des Deutschen Museums. Du kannst Flugzeuge besichtigen und selbst ins Cockpit steigen, Landeklappen setzen, den Höhenmesser einstellen – nur nicht abheben.

Effnerstraße 18, 85764 Oberschleißheim, Infos: 089/3157140, www.deutsches-museum.de/flugwerft

**Forschen und mitmachen**

Ob es um Vergängliches geht wie Seifenblasen, um Musik, Dunkelheit oder Chemie: Immer neue, ideenreiche Ausstellungen zeigt das Kinder- und Jugendmuseum.

Arnulfstraße 3, 80335 München Infos: 089/54540880, www.kindermuseum-muenchen.de, Geöffnet: Di.–Fr. 14–17.30, Sa., So., Feiertage u. Ferien 11–17.30 Uhr

**Mehr über Mensch und Natur**
3 Meter hoch war Plateosaurus! Das Skelett dieses Dinos wurde in Bayern gefunden, wie das von Archaeopteryx bavarica, einem Urvogel, kleiner als alle anderen.

Paläontologisches Museum,
Richard-Wagner-Straße 10, 80333 München
Infos: 089/21806630,
http://141.84.51.10/palmuc
Geöffnet: Mo.–Do. 8–16, Fr. 8–14,
erster So. im Monat 10–16 Uhr

Was weißt du vom Planeten Erde, seiner Geschichte und der Vielfalt des Lebens? Im Museum Mensch und Natur gibt es dazu viel zu sehen, an Modellen nachzuvollziehen und auszuprobieren. Und du kannst Quizfragen lösen!

Schloss Nymphenburg, 80638 München
Infos: 089/1795890, www.musmn.de
Geöffnet: Di.–So. 9–17 Uhr

***Nächtliches Abenteuer***
*Das ist etwas Besonderes: Zweimal im Jahr können Eltern und Kinder mit Isomatte und Schlafsack im Deutschen Museum übernachten (Anmeldung erforderlich). Vorher besuchen sie im Museum das Planetarium und die Sternwarte gleich um die Ecke. Sie ist in der Rosenheimerstraße 145 h, 81671 München.*
*Infos: 089/406239,*
*www.sternwarte-muenchen.de*

Elefantenleben im Tierpark Hellabrunn

**Hellabrunn**

In den Isarauen liegt der Münchner Tierpark. Er war der erste Geo-Zoo der Welt: Die Tiere werden gruppiert nach den Gebieten gezeigt, aus denen sie stammen. Orang-Utans und Gorillas tummeln sich im renovierten Affenhaus, Gämsen klettern auf dem Steilufer an der Isar, Robben tauchen im Becken des Polariums, Zebras und Antilopen grasen in der Afrika-Freianlage, Strauße gesellen sich zu ihnen. Streichelgehege und Reiten auf Haflingern oder Kamelen sowie einen Abenteuerspielplatz gibt es auch. Ein besonderes Erlebnis sind die Abendführungen für Gruppen mit einem Besuch bei den Fledermäusen in der Villa Dracula.

Tierparkstraße 30, 81543 München
Infos: 089/625080,
www.tierpark-hellabrunn.de
Geöffnet: April bis Sept. 8–18, Okt. bis März 9–17 Uhr

**Andere Lebewesen**

Hast du schon mal gesehen, wie sich Blüten bei Nacht öffnen? Oder an ganz verschiedenen Pflanzen geschnuppert? Kennst du Hexen-

pflanzen? Für Kinder gibt es ein besonderes Programm im Botanischen Garten München-Nymphenburg. Hier wachsen 6000 Pflanzen im Freigelände und in den Schauhäusern. Telefonische Anmeldungen zu Kinderaktionen erforderlich.
Menzinger Straße 65, 80638 München
Infos: 089/17861316, www.botmuc.de
Geöffnet: Nov. bis Jan. 9–16.30, Feb., März, Okt. 9–17, April, Sept. 9–18, Mai bis Aug. 9–19 Uhr

**Circus Krone**

*Das Familienunternehmen feierte bereits 100-jähriges Jubiläum: 1905 wurde der Zirkus gegründet. Er ist der größte in Europa. In München hat er ein festes Haus für den Winter. Im Sommer sind die Vorführungen im großen Zirkuszelt. Vor allem für seine Pferdedressuren ist der Zirkus berühmt – und durch die Fernsehsendung „Stars in der Manege".*
*Zirkus-Krone-Straße 1–6, 80335 München*
*Infos: 089/5458000, www.circus-krone.de*

## Grün, grüner, München

Der ***Riemer Park*** mit Geländespielplatz, Skate-Anlage und dem Badesee ist ein richtiger Anziehungspunkt geworden. Hier fand 2005 die Bundesgartenschau statt, deshalb kennt man das Gebiet auch unter dem Namen BUGA-Park. Georg-Kerschensteiner-Straße, Messestadt-Ost

Im ***Westpark*** überrascht eine Voralpenlandschaft im Kleinformat mit Tal und Seen, kleinen Bachläufen, Wiesenhängen und Waldrändern.
Preßburger Straße in Untersendling

Der ***Hirschgarten*** in München-Nymphenburg war einst Jagdrevier der Kurfürsten, seit fast 60 Jahren ist er ein Erholungspark.

Vorhang auf! Komm mit in die Welt des Circus Krone!

# Spiele, Spiele, Spiele

**Stadt, Berg, Fluss**
Das Spiel „Stadt, Land, Fluss" kennt ihr bestimmt. Die bayerische Version geht so: Alle Begriffe müssen irgendwie mit Bayern oder München zu tun haben. Zum Beispiel: Stadt, Fluss, See, Berg, Schloss. Einer von euch fängt an, stumm das Abc aufzusagen, bis es „Stopp!" heißt, zum Beispiel bei „M". Dann versuchen alle so schnell wie möglich, passende Begriffe zu finden: „München", „Mangfall", ... Wie geht es weiter? Für jeden Begriff gibt es einen Punkt. Wer kennt sich am besten in Bayern aus und hat am Schluss die meisten Punkte?

**Auf die Alm ziehen**
Stellt euch vor, ihr wollt einen ganzen Sommer auf der Alm verbringen. Da muss man sich gut überlegen, was man alles mitnehmen will. Was wollt ihr unbedingt dabeihaben? Auch dies ist ein Abc-Spiel: Mit A geht es los, alle Gegenstände, die in den Almkoffer kommen, müssen mit diesem Buchstaben anfangen. Etwa bei „A": „Armbanduhr", „Akkuschraubenzieher" (man weiß ja nie!), „Alphorn", ... Oder bei „T": „Taschenlampe", „Tennisschläger" und „Teebeutel". Keine Ideen mehr? Dann kommt der nächste Buchstabe an die Reihe. Ein lustiges Spiel, um sich in Bus, Bahn oder Auto die Zeit zu vertreiben!

**München-Detektiv**
*Du brauchst:* einen Stadtplan von München, eine Uhr

Dieses Spiel kannst du für dich oder mit mehreren spielen: eine Straße oder einen Platz in München aus dem Verzeichnis raussuchen und dann auf dem Stadtplan orten. Klingt nicht allzu schwer, oder? Aber es geht noch weiter: Wie kommst du von deinem augenblicklichen Standort dorthin? Du hast 3 Minuten Zeit, dir auf dem Plan den Weg einzuprägen. Schaffst du es, ihn aus dem Gedächtnis zu rekonstruieren und aufzusagen? Praktischer Nebeneffekt: Auf diese Weise lernst du ganz von allein, dich in einer fremden Stadt zu orientieren.

## Fangball

Ein Spiel für drei oder mehr Spieler, zum Beispiel im Freibad oder im Englischen Garten

*Ihr braucht:* einen Ball

Zwei Spieler stellen sich ungefähr 15 Schritte entfernt voneinander auf und werfen sich den Ball zu. Der dritte Spieler steht in der Mitte und versucht den Ball abzufangen. Schafft er es, darf er mit dem Werfer den Platz tauschen. Variation: Der Ball wird nicht einfach nur geworfen, sondern muss einmal auf dem Boden aufprallen.

## Schattenfangen

*Für zwei Spieler oder mehr*

Einer ist der Fänger: Er versucht, auf den Schatten eines anderen zu springen. Gelingt es ihm, muss er schnell wegrennen, denn dann wird der andere sofort zum Fänger. Ein schnelles Spiel, bei dem Reaktionsvermögen gefragt ist!

# Münchner Bastelei

## Steingesichter

*Du brauchst:* flache Flusskiesel, wasserfeste Stifte

An der Isar gibt es herrliche Flusskiesel zum Sammeln; besonders die ganz flach geschliffenen ergeben lustige Steingesichter: Einfach mit wasserfesten Stiften Augen, Nase und Mund aufmalen. Fertig ist ein praktischer Briefbeschwerer, ein Mitbringsel oder ein Handschmeichler – die glatten Steine fühlen sich einfach angenehm an. Wer mag, malt statt Gesichtern fantasievolle Muster auf.

## München-Skyline

*Du brauchst:* farbige Tonpappe, Stift, verschieden dicke Nadeln, Unterlage

Besorg dir Bilder von Münchens auffälligsten Türmen und Gebäuden – oder schau sie dir ganz genau an. Zeichne ihre Umrisse auf die Tonpappe, zum Beispiel die Türme der Frauenkirche und den Olympiaturm. Dann arbeitest du die Linien mit Nadelstichen nach, dicht an dicht. Benutze eine dicke Nadel für die groben Konturen und eine dünnere für feine Details wie Fenster oder Verzierungen. (Am besten legst du einen Korkuntersetzer oder eine dicke Lage Zeitungspapier unter die Pappe, damit der Tischplatte nichts passiert!)
Wenn du geduldig gestichelt hast, stell dein Werk vor eine Lampe oder lehn es an die Fensterscheibe: Das Licht schimmert durch die Nadellöcher und lässt Münchens Skyline leuchten.

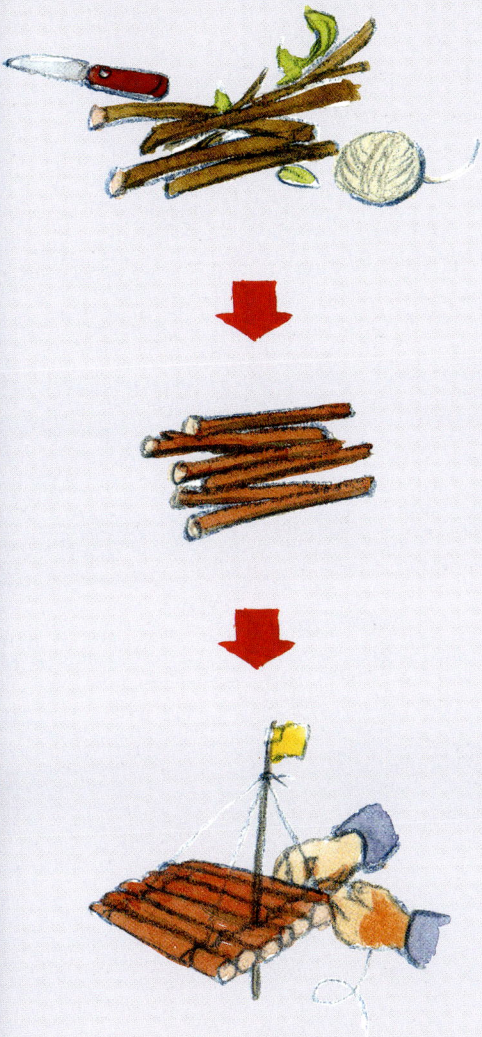

## Isar-Floß

*Du brauchst:* Zweige, Bindfaden, Taschenmesser

Vielleicht hast du an der Floßlände in Thalkirchen bereits eines der großen Isar-Flöße gesehen, die den Fluss befahren. Ist dir aufgefallen, dass sie aus Baumstämmen zusammengebunden sind? Eine Miniaturausgabe eines solchen Floßes ist rasch gebastelt: Such dir möglichst gleich dicke Zweige, schneide sie auf die gleiche Länge zurecht und binde sie an den Enden zusammen.

*Tipp:* Wie beim Weben den Bindfaden einmal unter, einmal über die Zweige führen, dann noch einmal umgekehrt zurück. Ordentlich festzurren, damit es hält! Probier aus, wie viel Fracht dein Floß trägt – zwei oder drei Kiesel? Und wo soll es schwimmen? Achtung, die Isar strömt sehr schnell! Wenn du dein Floß nicht verlieren willst, solltest du es an einer langen Leine schwimmen lassen.

# Film ab!

## Besuch der Bavaria Filmstadt

„Marienhof" oder „Rosenheim Cops" sind Fernsehserien, die die Bavaria Film Gruppe produziert. Stündlich gibt es Führungen durch die Straßen der Bavaria Filmstadt. Zum Beispiel durch ein Kölner Stadtviertel – die „Marienhof"-Außenkulisse mit 20 Häuserfassaden.

Bavaria Filmstadt, Bavariafilmplatz 7, 82031 Geiselgasteig
Infos: 089/64992000, www.filmstadt.de
Geöffnet: etwa Anfang März bis Anfang Nov. 9–16, Anfang Nov. bis Anfang März 10–15 Uhr

## Originaldrehorte

Seit über 80 Jahren wird in der Filmstadt gedreht, zum Beispiel „Asterix und Obelix". Auf der Führung durch die Dekorationen sind Requisiten zu sehen und Geschichten über die Dreharbeiten werden erzählt. Das Originalinnenmodell eines U-Boots, das für die Dreharbeiten zu „Das Boot" gebaut wurde, steht in der Filmstadt, ebenso die Fabelwesen aus „Die unendliche Geschichte", etwa der Glücksdrache Fuchur. Wie er zum Schweben gebracht wurde? Hier wird's gezeigt!

Kamera ab! Mittendrin im Filmgeschehen

Nervenkitzel in der Stuntshow

**Show und 4D**

Zum Besuch der Filmstadt gehört auch die Stuntshow. Stuntmen zeigen in einem nachgestellten New Yorker Stadtviertel zu Feuer und Knallerei ihr Können. In der Show ist zu sehen, wie Stunts entstehen, und es gibt einen Einblick in das Handwerk der Doubles bekannter Stars. Damit es auch lustig zugeht, führt das Team komische Szenen und Gags vor. Schließlich geht es noch ins Erlebniskino – und zwar in vier Dimensionen. 3D-Brille aufsetzen und die Fahrt auf den bewegten Sitzen – die vierte Dimension – beginnt. Das ist fast so aufregend wie Achterbahnfahren! Mindestgröße für die Teilnahme: 1,22 Meter.

**Kinderkino**

Wer möchte jetzt noch mehr über Filme wissen? Ins ARRI Kino kommen jeden Freitagnachmittag Filmemacher, stellen jungen Zuschauern ihre Filme vor und beantworten Fragen.

Türkenstraße 91, 80799 München
Kartenreservierung unter 089/38899664
Infos: www. treffpunkt-filmkultur.de

„Film ab" heißt es freitags und samstags im Kinderkino Olympiadorf. Gezeigt werden Kinofilme für Kinder und Familien, außerdem finden hier die Kinder- und Jugendfilmtage statt.

Nadistraße 3, 80809 München
Tel: 089/1491453

Kino steht auch auf dem Programm der Kinder- und Jugendkulturwerkstatt in der Pasinger Fabrik.

August-Exter-Straße 1, 81245 München
Infos: 089/8888806
Geöffnet: Mi.–Fr. 10–13, Mi.–Sa. 14–18 Uhr

# Schöne Seen rund um München

## Wasser, Berge, Kunst

Südwestlich von München liegt der Starnberger See, ein beliebtes Ausflugsziel der Münchner. An ausgewiesenen Stellen und in den Freibädern kann man im Sommer gut baden. Ein Radweg führt rundherum, bei einer Schifffahrt über den See zeigt sich bei klarem Wetter das Alpenpanorama.

Bayerische Seen-Schifffahrt Starnberger See
Infos: 08151/12023, www.seenschifffahrt.de

In Bernried südlich von Tutzing lädt das Museum des Kunstsammlers, Malers und Autors Lothar-Günther Buchheim („Das Boot") zum Staunen ein. Hier sind nicht nur moderne Gemälde ausgestellt, sondern Tiere aus Blättercollagen, Marionetten, Briefbeschwerer aus bunten Glassteinen, verrostete Autos ...

Buchheim Museum, Am Hirschgarten 1, 82347 Bernried
Infos: 08158/997020, www.buchheimmuseum.de
Geöffnet: Nov. bis März Di.–So. u. Feiertage 10–17, April bis Okt. bis 18 Uhr

Im Buchheim Museum kannst du selber kreativ werden.

## Ein See und viele Ritter

Im Ammersee ist das Wasser im Sommer 18 bis 23 Grad warm – ideal zum Baden. Strandbäder gibt es nahezu in allen Seeorten. Vom Westufer des Ammersees aus ist es ein Katzensprung zum Schloss Kaltenberg bei Geltendorf, wo jährlich an den ersten drei Wochenenden im Juli das berühmte Kaltenberger Ritterturnier stattfindet. Dann verwandelt sich der Schlosspark in einen mittelalterlichen Markt mit Gauklern, Händlern und Rittern, die in spektakulären Shows ihre Kampfkünste vorführen.

Ritterturnier Kaltenberg, Schlossstraße 8, 82269 Kaltenberg
Infos: www.ritterturnier.de

Noch ein Ausflugstipp: eine Bootsfahrt übern Ammersee

**Mit Moor: der Staffelsee**

Der 7,7 Quadratkilometer kleine Staffelsee ist ein Ausflugsziel für alle, denen an den großen Seen zu viel Trubel ist. Ganz in der Nähe lädt das Murnauer Moos, das mit 32 Quadratkilometern größte und weitgehend unberührte Moorgebiet Bayerns, zu einer Moorwanderung ein. Ein 12,5 Kilometer langer Rundweg führt mitten hindurch, Ausgangspunkt ist das Ramsach-Kircherl südlich von Murnau. Auf der Wanderung kann man mit etwas Glück seltene Pflanzen und Tiere entdecken, wie die Sumpf-Stendelwurz oder den Wachtelkönig.

**Prunk und Pracht am Chiemsee**

Der Chiemsee, mit 80 Quadratkilometern der größte See Bayerns, ist berühmt für seine kulturellen Schätze: das um 780 gegründete Kloster Frauenchiemsee auf der Fraueninsel und das unter Ludwig II. erbaute Schloss Herrenchiemsee auf der Herreninsel. Das Schloss verschlang Unsummen an Geld – zum Beispiel für die fast 100 Meter lange Spiegelgalerie oder das 3 mal 2,6 Meter große Luxusbett im Paradeschlafzimmer.

Schloss- und Gartenverwaltung Herrenchiemsee, Infos: 08051/68870, www.herren-chiemsee.de

Von Prien aus bringen Schiffe ganzjährig die Besucher zu den Inseln.

Infos: 08051/6090, www.chiemsee-schifffahrt.de

# Sprechen und lachen wie in München

**„Grüß Gott!"** heißt es überall in Bayern, wenn man einen Laden betritt oder einem Bekannten begegnet. Und wer, aus Norddeutschland kommend, beim Bäcker Brötchen oder Schrippen verlangt, wird gleich als Auswärtiger erkannt, denn hier heißt es: **Semmeln!** Beim ersten Besuch in München und in Bayern verstehst du wahrscheinlich nicht alles, wenn so richtig mundartlich gesprochen wird. Denn da gibt es Wörter, **do legst di nieder!** Was das heißt? So ungefähr: Da staunst du! Und was ist da noch so zu hören?

| | |
|---|---|
| **Babbn** | Mund |
| **barfuaßat** | barfuß |
| **Basd scho, paast scho oder basst du** | stimmt schon, oder: es geht noch |
| **Charivari** | Schmuckkette am Trachtenanzug |
| **Damischer Hirsch** | dämlicher Mann oder: Junge |
| **Daumian** | Dummkopf |
| **fei** | im verstärkenden Sinne: wirklich, wohl |
| **Fleischpflanzerl** | Frikadelle |
| **freili** | sicher |
| **fuxdeifeswuid** | besonders wütend (fuchsteufelswild) |
| **gääā** | Ist das möglich? Das kann doch nicht sein! |
| **Gaudi** | Spaß |
| **Gaudiwurm** | Faschingsumzug |
| **gell** | verstärkend, etwa als Frage am Satzende |
| **gemma gemma** | los, schneller |
| **Goschn** | Mund |
| **Grias di** | Guten Tag! Grüß dich! |
| **Haxn** | Füße |
| **hi** | kaputt, etwa: „das ist hin!" |
| **I** | ich |
| **I aa** | ich auch |
| **Hiesiger** | Einheimischer |
| **Krachal** | Limonade |
| **mei** | nun ja |
| **Obacht** | Pass auf! |

| | |
|---|---|
| **Obbela** | Entschuldigung |
| **Pack ma's** | Gehen wir es an! |
| **Preiß** | Norddeutscher |
| **sau** | einem Wort vorangestellt: verstärkend, etwa: in **Saupreiß** |
| **schee** | schön |
| **Schmarrn** | Blödsinn |
| **Schnürlregn** | es regnet Bindfäden |
| **Vergeltsgott** | Danke |
| **Voifichtn** | Volltrottel |
| **Wadlbeißer** | Dackel |
| **Watschn** | Ohrfeige |
| **wuaschd** | egal |
| **Zamperl** | Hund |

**Münchner Witze**

Da sitzen Mutter, Vater und zwei Kinder aus Norddeutschland beim Essen in einem Münchner Biergarten. Die Kinder mäkeln an der ungewohnten Kost herum. Als es ans Bezahlen geht, fragt die Bedienung: „Wie hoat's gschmeckt?" Erst drucksen alle herum, dann sagt der Vater: „Naja, wir haben schon besser gegessen." Sagt die Bedienung empört: „Aber ned bei uns!"

Sitzt ein russischer Tourist im Hofbräuhaus, bestellt schon das dritte Bier und jedes Mal ist der Bierdeckel weg. Der Kellner wundert sich, fragt aber nur: „Hoat's gschmeckt?" „Naja", sagt der Russe, „das Bier schon, aber die Kekse ...!"

# Spiel, Sport, Spaß

## Im Olympiapark

Olympiaturm, Olympiasee und das Acrylglas-Zeltdach über Olympiastadion, -halle und -schwimmhalle gehören zu Münchens Sehenswürdigkeiten. Für die XX. Olympischen Sommerspiele 1972 wurde die große Sportlandschaft errichtet.

## Besichtigungen

Was der Olympiapark alles bietet, kannst du auf der Sightseeingtour kennenlernen. Sie beginnt mit einem Film, danach führt der Rundgang zu den Sportstätten. Mit Anmeldung: 089/30672414. Es geht aber auch auf eigene Faust.

Infos: www.olympiapark-muenchen.de
Geöffnet: 15. April bis 14. Okt. 8.30–18 Uhr, 15. Okt. bis 14. April 9–16.30 Uhr, außer an Veranstaltungstagen.

## Von der Isar zum Mittelmeer

Auch auf dem Olympiagelände: Im Sea-Life München kannst du abtauchen und den Weg des Wassers von der Isar bis zur Donau, weiter zum Schwarzen Meer und zum Mittelmeer verfolgen. In 30 Süß-

Das Münchner Olympiastadion aus der Luft

und Meerwasseraquarien tummeln sich Fische und andere Wasserwesen.

Willi-Daume-Platz 1, 80809 München
Infos: 089/450000, www.sealifeeurope.com
Geöffnet: täglich 10–19 Uhr

**Einen Sommer lang Kultur**

Acht Wochen dauert das Festival KiKS, der Kinder-Kultur-Sommer für 6- bis 15-Jährige. Viele Veranstaltungen finden im Olympiapark statt, andere in den Stadtteilen. Ein super Angebot mit Spiel und Sport, Umwelt, Medien, Wissenschaft, Politik, Theater, Musik, Literatur, Kunst und Handwerk. Und du kannst mitmachen, etwa als Forscherin in Sachen Ökologie oder als Reporter in der Kinderredaktion. Wer aus allen Angeboten die richtige Auswahl treffen will, holt sich den KiKS-Reiseführer bei der Stadt-Information im Rathaus.

Marienplatz 8, 80331 München
Infos: 089/222324
Geöffnet: Mo.–Fr. 10–20, Sa. 10–16 Uhr

**Kleine Stadt ganz groß!**

Alle zwei Jahre (das nächste Mal 2008 und 2010) entsteht „Mini-München" in der Event-Arena im Olympiapark: Kinder von 7 bis 15 Jahren betreiben eine Stadt! Beim ersten Besuch gibt es den Stadtausweis mit den Spielregeln. Dann heißt es mitmachen: im Handwerkerhof, Bauamt, Rathaus, Fernsehstudio, bei der Stadtverwaltung, Bank, Zeitung, Müllabfuhr, bei Spiel und Sport, beim Theater, in der Gärtnerei,

Fleißige Handwerker bauen Mini-München auf.

Zeig, was du kannst auf dem Riesenklettervulkan!

**_Extratipp: Spielen bei Wind und Wetter_**

*Schlechtes Wetter? Da ist für Kinder bis etwa 12 Jahre der Spielpark Lollihop richtig. Auf den Riesenklettervulkan und in das Kletterlabyrinth steigen, in der Hüpfburg oder auf dem Wabbelberg toben, Kletterwand erklimmen sowie basteln, schminken, malen. Colmdorfstraße 3, 81249 München-Aubing Infos: 089/86466080, www.lollihop.de, Geöffnet: Mo.–Fr. 14–19.30 Uhr, Sa., So., Ferien u. Feiertage 10.30–19.30 Uhr*

Zoff-Akademie, Hochschule, Kunstakademie, den Forschungslabors, im Restaurant oder im ganz eigenen Betrieb. Wer arbeitet, kann „MiMüs" verdienen und damit essen gehen oder ins Kino, im Supermarkt einkaufen, ein Grundstück pachten oder sein Geld aufs Sparbuch einzahlen.

Infos: www.mini-muenchen.info, Stadt-Information im Rathaus (siehe S. 61)

**Eine Arena ...**

Architektonisch außergewöhnlich ist die Allianz Arena, 2005 nach drei Jahren Bauzeit eröffnet. Fassade und Dach bestehen aus 2760 nur 0,2 Millimeter dicken Luftkissen, und alle lassen sich in drei Farben beleuchten. Die Arena hat fast 70 000 überdachte Plätze. Einzelbesucher können ohne Anmeldung an einer Besichtigungstour teilnehmen.

Touren: täglich 10.15, 11, 13, 15, 16.30 Uhr, zusätzlich 17.30 Uhr von April bis Okt.
Geöffnet: April bis Okt. 10–19, Nov. bis März 10–18 Uhr, außer an Spieltagen
Werner-Heisenberg-Allee 25,
80939 München
Infos: 089/20050, www.alllianz-arena.de

Hier regiert König Fußball: Münchens Allianz Arena

**... zwei Vereine**

Am 2. Juni 2005 fand das „1. Arena-Derby" zwischen Bayern München, den „Roten", und dem TSV 1860 München, den „Löwen", statt. Der TSV 1860 München gewann das Spiel. Die Allianz Arena ist Spielstätte beider Vereine. Der FC Bayern München wurde 1900 gegründet, und einer seiner bekanntesten Spieler ist heute Präsident: Franz Beckenbauer. Zweimal erhielt der Verein den Weltpokal: 1976 und 2001.

**_Ein Riesenereignis ..._**

*... ist jedes Jahr im Olympiapark Süd das Tollwood-Sommerfestival mit Musik und Theater und einem Programm für Kinder. Es reicht von der Bio-Kinderolympiade (mit Wettmelken und Trettraktor-Rallye) bis zu Tanzen, Trommeln und vielen Wettspielen.*
*Tollwood Gesellschaft für Kulturveranstaltungen und Umweltaktivitäten, Waisenhausstraße 20, 80637 München*
*Infos: 089/3838500, www.tollwood.de*

# Münchner Feste und Bräuche

**Die Auer Dulten**
Dult heißt bei den Münchnern der große Jahrmarkt, der jährlich im Mai, Juli und Oktober auf dem Mariahilfplatz im Stadtteil Au stattfindet. Ursprünglich war die Dult ein Kirchenfest, bei dem rund um die Kirche Buden und Verkaufsstände aufgebaut wurden. Die Auer Dult gibt es schon seit 1796. Trödel und Tand, Töpferwaren, Kasperletheater, Würstlbuden, Antiquitäten, Neues und Altes ... Stöbern macht Spaß!

**Happy Birthday, München!**
Am 14. Juni 1158 verlieh Friedrich Barbarossa der Stadt das Markt- und Münzrecht – Münchens Geburtstag! Das Stadtfest wird am Wochenende vor oder nach dem 14. Juni begangen, mit Musik und Böllern, Spiel und Spaß zwischen Marienplatz, Odeonsplatz und Gärtnerplatz.

**Tanz der Marktweiber**
Am Faschingsdienstag findet auf dem Viktualienmarkt der Höhepunkt der Münchner Karnevalszeit statt: Dann fordern die fantasievoll verkleideten Marktweiber zum Tanz auf. An ihnen kommt kein Faschingfan vorbei!

**_Nichts verpassen!_**
*Informationen im Offiziellen Monatsprogramm des Münchner Fremdenverkehrsamtes, Sendlinger Straße 1, 80331 München, 089/23396555 und unter www.ganz-muenchen.de/volks-feste/kalender/liste_index.html*

### Die Kleine Wiesn

So nennen die Münchner ihr Frühlingsfest. Auf der Theresienwiese wird im April/Mai zünftig gefeiert, es gibt Karussells, Achterbahnen und eine Mordsgaudi, fast wie auf der Großen Wiesn, dem weltberühmten Oktoberfest (siehe Seite 19).

### Kocherlball

Beim Kocherlball rund um den Chinesischen Turm im Englischen Garten kann man bei original bayerischen Volkstänzen mitmachen. Schon vor mehr als 100 Jahren veranstalteten jeden Sonntagmorgen im Sommer junge Dienstmädchen, Köchinnen und Hausdiener ihr eigenes Tanzvergnügen. Das Ganze fand in der Frühe statt, denn danach hatten die Bediensteten ja wieder zu arbeiten. Auch heute muss man früh aufstehen, denn nach alter Tradition spielt schon um 6 Uhr morgens die Musik. Der Kocherlball findet im Juli statt.

### Magdalenenfest

Im Hochsommer steigt im Hirschgarten das Magdalenenfest, eine Art Mini-Dult, auf der sich vor allem Familien mit Kindern einfinden.

O du fröhliche! Der Marienplatz zur Weihnachtszeit

Hier geht es eher gemütlich zu: Es gibt weder Bierzelte noch Verkaufshallen, dafür kleine Stände, Fahrgeschäfte und Buden mit appetitlichen Schmankerln.

### Christkindlmarkt

Im Advent ist ein Besuch auf dem Münchner Christkindlmarkt ein Muss: Auf dem Marienplatz herrscht dann trotz des regen Treibens von Marktbesuchern eine romantische und sehr stimmungsvolle Atmosphäre.

# Große und kleine Kunst

Hier gibt es viel zu sehen: Neue Pinakothek

**Acht Jahrhunderte Kunst**

Drei Gebäude voller Kunstwerke: Alte Pinakothek, Neue Pinakothek und Pinakothek der Moderne zeigen Kunst vom 14. bis zum 21. Jahrhundert. Kinder von 5 bis 12 Jahren gehen jeden Freitag um 15 Uhr auf Entdeckungstour zu den Kunstwerken. Treffpunkt ist das Kinderpalais hinter der Pinakothek der Moderne.

Anmeldung unter 089/23805198.
Alle Pinakotheken im Kunstareal,
Barer Straße, 80799 München
Infos: www.pinakothek.de

**Wer ist der Blaue Reiter?**

1911 tat sich in München eine Gruppe von Künstlern zusammen und gab sich den Namen „Blauer Reiter". Zu ihnen gehörten unter anderem Franz Marc, Wassily Kandinsky, August Macke, Gabriele Münter und Paul Klee. In der Villa des Malers Franz von Lenbach findet sich eine einzigartige Sammlung von Bildern dieser Künstler. Die Villa mit dem schönen Garten ist auch sehenswert!

Luisenstraße 33, 80333 München
Infos: 089/23332000, www.lenbachhaus.de
Geöffnet: Di.–So. 10–18 Uhr

## Villa mit Kunst

Kunst ist auch in einer anderen prächtigen Villa zu sehen, der Villa Stuck. Sie gehörte dem Maler und Bildhauer Franz von Stuck. Mehr über ihn, die Villa und seine Zeit erfahren Kinder ab 5 Jahre bei der Führung „Erzähl mir eine Geschichte! Franz von Stuck berichtet aus seiner Zeit". Stifte und Block mitbringen!

Anmeldung unter 089/44478052.
Prinzregentenstraße 60, 81675 München
Infos: 089/4555510, www.villastuck.de
Geöffnet Di.–So. 11–18 Uhr

## Schräge Ideen

Im Isartor ist das Valentin-Musäum – so schreibt es sich wirklich. Karl Valentin, ein Münchner Volkskomiker, schrieb Stücke, drehte Filme und kam auf schräge Ideen. So ist im Museum der Nagel zu sehen, an den er seinen bürgerlichen Beruf als Schreiner hängte. Oder der Zahnstocher mit Pelz für den Winter.

Tal 50, 80331 München
Infos: 089/223266,
www.valentinmusaeum.de
Geöffnet: Mo. u. Di. 11.01–17.29,
Fr. u. Sa. 11.01–17.59, So. 10.01–17.59 Uhr

## Spielzeug, wohin das Auge blickt!

Im Alten Rathausturm, im Spielzeugmuseum, ist auf vier Etagen eine einmalige Sammlung von Spielzeug aus Europa und Amerika zu sehen. Plüschbären, Holzpuppen, Zinnfiguren, Blechautos, Dampfmaschinen, elektrische Eisenbahnen, Baukästen – alles zum Angucken.

Marienplatz 15, 80331 München
Infos: 089/294001,
www.spielzeugmuseum-muenchen.de
Geöffnet: täglich 10–17.30 Uhr

Alles, was das Herz begehrt: Münchens Spielzeugmuseum

## Münchner Rezepte

### Obatzda

*Zutaten für 4 Personen:*

250 g reifer Camembert
1 EL Butter
100 g Rahmfrischkäse
1 fein gehackte Zwiebel
Salz
Pfeffer
Rosenpaprika
Kümmel
4 EL alkoholfreies Bier

Den Camembert mit einer Gabel zerdrücken, mit Butter, Frischkäse und der Zwiebel vermischen.

Mit Salz, Pfeffer, Paprika und Kümmel würzen, die Flüssigkeit unterrühren.

Schmeckt gut auf frischem Schwarzbrot oder auf Laugenbrezeln!

### Semmelknödel

*Zutaten für 3 Knödel:*

3 altbackene Semmeln (Brötchen, am besten vom Vortag)
120 ml Milch
1 kleine, fein gehackte Zwiebel
1 EL fein gehackte Petersilie
1 EL Butter
1 Ei
1 EL Mehl
Pfeffer
Salz
Muskat

Semmeln in dünne Scheiben schneiden, mit aufgekochter Milch übergießen, durchmischen und abgedeckt 30 Minuten ziehen lassen.

Zwiebelwürfel und Petersilie in Butter andünsten, zu den Semmeln geben.

Ei, Mehl, Pfeffer, Salz und Muskat zufügen. Alles gut durchkneten.

Sollte der Teig zu klebrig sein, noch etwas Mehl zufügen – vorsichtig, nicht zu viel!

Mit angefeuchteten Händen 3 Knödel formen.

In einem großen Topf ausreichend Salzwasser zum Kochen bringen. Die Knödel darin bei mittlerer Temperatur ca. 20 Minuten ziehen lassen. Sobald sie an die Oberfläche steigen, sind sie gar.

Mit zerlassener Butter oder ausgebratenen Schinkenspeckwürfeln servieren.

**Grießigel**

*Zutaten:*

125 g Butter
125 g Zucker
3 Eier
250 g Grieß
2 Äpfel
500 ml Milch

Butter, Zucker und Eier schaumig schlagen, dann den Grieß unterrühren.

Die Äpfel schälen, in dünne Spalten schneiden und unterheben.

In einer gefetteten Auflaufform bei 180° C etwa 25 Minuten backen, dann mit der Milch übergießen und so lange backen, bis die Milch eingezogen ist.

Den Grießigel mit einem Löffel grob aufreißen und mit Vanillesoße servieren.

# So ein Theater!

Vorhang auf und Bühne frei!

**Zweimal Theater für Kinder**

Bekannte Theaterstücke, Märchen, Stücke nach Kinder- und Bilderbüchern und auch ganz Neues sowie Musicals für Kinder von 4 bis 12 Jahren spielt das Münchner Theater für Kinder.

Dachauer Straße 46, 80335 München
Infos: www.muenchner-theater-fuer-kinder.de
Kartenvorverkauf: 089/595454 oder 089/593858

Im Theater in der Au führen die „Bühnenflöhe" Stücke für Kinder auf.

Am Herrgottseck 5, 81669 München
Infos: www.theaterinderau.de
Kartenvorverkauf: 089/44118454

**Schauburg – Theater der Jugend**

Das Theater der Jugend hat seit 1976 eine eigene Spielstätte und ein eigenes Ensemble und gehört zu den bekanntesten Kinder- und Jugendtheatern Deutschlands. Gespielt werden in der modernen, multimedialen Schauburg etwa 300 Aufführungen im Jahr.

Franz-Joseph-Straße 47, 80801 München
Infos: www.schauburg.net
Kartenvorverkauf: 089/23337171,
Mo.–Fr. 9.30–18, Sa. 12–17.30 Uhr

**Für Groß und Klein**

Die Theater, die sonst für Erwachsene spielen, haben manchmal auch Stücke, Lesungen, Theater für die ganze Familie, für große und kleine Kinder auf dem Spielplan!

Zum Beispiel das Staatstheater am Gärtnerplatz, Gärtnerplatz 3,
80469 München, Infos: 089/21851960,
www.staatstheater-am-gaertnerplatz.de

**Am Faden**

Das kleine Gebäude mit dem Säulengiebel wurde 1900 gebaut. Da zog die Puppenbühne ein, die von Joseph Schmid und Franz Graf von Pocci 1858 gegründet worden war: das Münchner Marionettentheater. Pocci ist bis heute bei den Münchnern sehr beliebt, er hat viele Stücke mit dem Kasper Larifari geschrieben. Heute werden vor allem Stücke für kleine Kinder, aber auch für Jugendliche und Erwachsene gezeigt.

Blumenstraße 32, 80331 München
Infos: 089/265712,
www.muenchner-marionettentheater.de
Kartenvorverkauf: Di. u. So. 10–13,
Mi.–Sa. 10–13, 14–16.30 Uhr

Theatervergnügen im Staatstheater am Gärtnerplatz

***Rund ums Theater***

*Das Bayerische Staatsschauspiel bietet Kindern zwischen 5 und 10 Jahren etwas Besonderes: eine Reise in die Fantasie und die Welt des Theaters. Malen, Spielen, Improvisieren, Sichverkleiden, Erzählen gehören dazu. Dabei entstehen auch eigene kleine Stücke. Diese Theaterwerkstatt findet an vier Sonntagnachmittagen der Spielzeit parallel zu bestimmten Stücken auf dem Spielplan statt.*
*Außerdem veranstaltet das Staatsschauspiel gemeinsam mit Bayerischer Staatsoper und Bayerischem Staatsballett „Die junge Akademie“ mit Vorlesungen für Kinder ab 8 Jahre zu Themen rund um Theater, Musik und Tanz. Infos: 089/218501, www.bayerischesstaats-schauspiel.de/junge_akademie/*

# Wie gut kennst du München?

**1. Welcher See liegt in der Nähe von Schloss Kaltenberg, wo das berühmte Ritterturnier stattfindet?**

a. Allersee
b. Ampersee
c. Ammersee

**2. Wo hat der Teufel seinen Fußabdruck hinterlassen?**

a. im Münchner Rathaus
b. in der Frauenkirche
c. im Hofbräuhaus

**3. Der Nebenarm der Isar, der durch den Englischen Garten fließt, heißt:**

a. Eisbach
b. Entenfluss
c. Höllenbach

**4. Wie nannte sich die Gruppe von Künstlern, die sich 1911 in München gründete?**

a. Die Bunten Hühner
b. Die Lila Kuh
c. Der Blaue Reiter

**5. Wann findet in München das größte Volksfest der Welt statt?**

a. Juli
b. September/Oktober
c. Dezember

**6. Was isst man zu Weißwürsten?**

a. Brezn
b. Ketchup und Majo
c. süßen Senf

**7. Münchens Wahrzeichen ist ...**

a. ein Maßkrug
b. die Bavaria
c. das Münchner Kindl

**8. Wie heißen Münchens berühmte Fußballvereine?**

a. König-Ludwig-Kickers 1890
b. TSV 1860 München
c. FC Bayern München

**9. Eine Dult ist ...**

a. ein Jahrmarkt
b. ein anderes Wort für Dirndl oder Trachtenkleid
c. ein Straßenbahnlinie

**10. Was gibt es auf dem Viktualienmarkt zu kaufen?**

a. Rindviecher
b. Lebensmittel
c. Musikinstrumente

Tipp: Manchmal ist auch mehr als eine Antwort richtig!

Auflösung auf Seite 78

## Spiele für unterwegs

Am Ufer der Isar liegen unzählige Steine in den unterschiedlichsten Größen. Viele davon sind ganz flach, genau richtig für diese Spiele.

**Steinturmbau**

Das kann man zu zweit und zu sechst (und noch mehr!) spielen, und sogar ganz allein geht's, dann wird nur kein Wettspiel daraus. Wer in der kürzesten Zeit den größten und flachsten Stein findet, fängt an. Er legt seinen Stein auf eine möglichst ebene Stelle. Der Nächste setzt seinen Stein darauf, und nacheinander versuchen alle weiteren Mitspieler, ihre Steine aufzustapeln. Bei wem kracht der ganze Turm zusammen? Wer hat es noch gerade davor geschafft, seinen Stein abzulegen? Er bekommt einen Punkt.

**Steinschlag**

Ein großer Stein wird in einiger Entfernung auf den Boden gelegt. Alle Mitspieler suchen sich nun kleine Steine und werfen sie so, dass der große Stein getroffen wird. Nur dann gilt der Wurf! In die Nähe zu kommen gilt nicht ... Gewonnen hat derjenige, dessen kleiner Stein dem großen am nächsten liegt. Um die Steine der Mitspieler nicht zu verwechseln, müsst ihr sie vorher farblich kennzeichnen.

## Grün oder weiß?

Ein flacher, heller Stein wird auf einer Seite markiert, zum Beispiel mit einem Filzstift farbig angemalt, etwa grün. Dann wird auf dem Boden eine Linie gezogen, und auf jeder Seite der Linie steht eine Mannschaft: die Grünen und die Weißen. Einer wirft den Stein in die Höhe. Auf welcher Seite landet er? Liegt die weiße Seite oben, fangen die Weißen die Grünen – und umgekehrt.

## München-Rätsel

Dafür braucht ihr Ansichtskarten von München. Die schickt ihr nach dem Spiel noch Freunden. Ihr braucht außerdem: Papierstreifen. Das Spiel macht am meisten Spaß, wenn ihr schon etwas von München gesehen habt. Jeder sollte wenigstens zwei Karten haben und er darf sie den anderen nicht zeigen. Auf der Karte wird nun ein Ausschnitt ausgesucht, der Rest wird mit den Papierstreifen abgedeckt. Die anderen müssen raten, was auf der Karte zu sehen ist. Kommt niemand darauf, wird der Ausschnitt vergrößert oder ein Streifen weggezogen. Wer zuerst weiß, welches Motiv zu sehen ist, hat gewonnen und ist als Nächster an der Reihe.

## Schäffler-Spiel

Nach den Reifen der Fassmacher, der Schäffler, hat das Spiel seinen Namen: Zwei kleine Reifen braucht ihr dafür, zum Beispiel Gummireifen. Frisbeescheiben sind auch gut. Ihr stellt euch zu zweit nebeneinander, und auf „Los!" lasst ihr die Reifen über den Boden rollen. Gewonnen hat derjenige, dessen Reifen in möglichst gerader Spur rollt.

# Neu kennengelernt …

… habe ich:

Name: ......................

..........................

Straße: ...................

PLZ: ......................

Ort: ......................

Land: .....................

Name: ......................

..........................

Straße: ...................

PLZ: ......................

Ort: ......................

Land: .....................

Name: ......................

..........................

Straße: ...................

PLZ: ......................

Ort: ......................

Land: .....................

Name: ......................

..........................

Straße: ...................

PLZ: ......................

Ort: ......................

Land: .....................

Name: ..........................

..........................

Straße: ..........................

PLZ: ..........................

Ort: ..........................

Land: ..........................

Name: ..........................

..........................

Straße: ..........................

PLZ: ..........................

Ort: ..........................

Land: ..........................

Name: ..........................

..........................

Straße: ..........................

PLZ: ..........................

Ort: ..........................

Land: ..........................

Name: ..........................

..........................

Straße: ..........................

PLZ: ..........................

Ort: ..........................

Land: ..........................

# Im Falle eines Falles

Hier kannst du wichtige Telefonnummern eintragen, falls du deine Eltern mal verlierst oder nicht mehr weiterweißt.

**Mama und Papa Handy:**

..................................

..................................

**Andere wichtige Nummern:**

..................................

..................................

**Polizei:** 110

**Feuerwehr:** 112

**Notarzt:** 112

Auflösung von Seite 30:
Es sind **acht Uhren**. Und zwei untereinander sind es, damit immer zwei Leute gleichzeitig die Zeit ablesen können ... So zumindest erklärte es der Münchner Volkskomiker Karl Valentin (siehe Seite 67).

Auflösung von Seite 72/73:
1c; 2b; 3a; 4c; 5b; 6a+c; 7c; 8b+c; 9a; 10b

www.beltz.de

Idee und Reihenlayout: Groothuis, Lohfert, Consorten, Hamburg
Redaktion: Ulrike Schulte-Richtering
Neue Rechtschreibung
Einbandfoto: Siegfried Boes (iStockphoto)
Karten: Peter Palm, Berlin
Herstellung und Repro: typocepta, Köln
Druck: Druck Partner Rübelmann, Hemsbach
Bindung: Druckhaus »Thomas Müntzer«, Bad Langensalza
Printed in Germany
ISBN: 978-3-407-75339-7
1 2 3 4 5 12 11 10 9 8

Fotonachweis:
S. 4, 72: Werner O. Hausmann/Tourismusamt München; S. 18, 30: Alfred Müller/Tourismusamt München; S. 19: Thorsten Naeser/Tourismusamt München; S. 21, 34, 35: Bayerische Schlösserverwaltung; S. 23: Rudolf Sterflinger/Tourismusamt München; S. 25: Friedrich Zenz/Tourismusamt München; S. 26: S. Böttcher/Tourismusamt München; S. 27: B. Geiges/Tourismusamt München; S. 33: Wilfried Hösl/Tourismusamt München; S. 39: Torsten Krüger/Tourismusamt München; S. 41: Christl Reiter/Tourismusamt München; S. 46: Deutsches Museum/Tourismusamt München; S. 48: Tierpark Hellabrunn; S. 49: Circus Krone; S. 54, 55: Bavaria Filmstadt; S. 56: Buchheim Museum; S. 57: Bayerische Seenschifffahrt GmbH; S. 60 Aerobild/Luftbild//Tourismusamt München; S. 61: Kultur & Spielraum e.V.; S. 62: LolliHop Kinder Erlebnis Welt; S. 63: Allianz Arena; S. 65: Fritz Witzig/Tourismusamt München; S. 66: Robert Hertz/Tourismusamt München; S. 67: Spielzeugmuseum München; S. 70, 71: Lioba Schöneck/Staatstheater am Gärtnerplatz; S. 73: F. Tkaczyk/Tourismusamt München

Autorinnen und Verlag haben die Sachverhalte in diesem Buch sorgfältig überprüft. Dennoch können sich Fehler eingeschlichen oder örtliche Gegebenheiten verändert haben.
Wir bitten, dies zu berücksichtigen.

# Mein erster Reiseführer

**Mein erster Reiseführer**

- macht Reisen für Kinder zum Erlebnis
- ist voller Reisetipps, die Kinder interessieren
- zeigt spannende Orte und erzählt von Land und Leuten
- schlägt Routen und Ausflüge vor
- bietet Extra-Seiten für Notizen, Spiele und Rätsel

Alle Bände als Originalausgabe, mit Fotos, Karten und Illustrationen, Broschiert in Fadenheftung, ca. 90 Seiten

**München** · 978-3-407-75339-7
Im Herzen der Stadt, Schloss und Park Nymphenburg, Schwabing und Englischer Garten, Rodeln an der Isar u. v. m.

**Berlin** · 978-3-407-75337-3
Brandenburger Tor, Siegessäule, Potsdamer Platz, Friedrichstraße und Gendarmenmarkt, Prenzlauer Berg u. v. m.

**Ruhrgebiet** · 978-3-407-75338-0
Bochum, Bottrop, Dortmund, Duisburg, Essen, Gelsenkirchen, Hattingen, Muttental, Oberhausen u. v. m.